JN086652

実践で役立つ

子ども家庭支援論

渡邊　暁　｜編著
橋本　翼　｜

ミネルヴァ書房

はじめに

　現代のわが国は，急速な少子化や核家族化が進み，ひとり親家庭やステップファミリーなどの多様な家族形態がみられるようになり，子どもと子育て家庭を取り巻く状況は大きく変化しています。子育ての機能は弱くなり，地域とのつながりが希薄化した結果，子育てに対する不安や負担が増大し，これらを背景とした子育て家庭の孤立化や児童虐待相談対応件数の増加，子どもの貧困などが深刻な社会的問題になっています。こうした子どもと子育て家庭を取り巻く社会の変化のなかで，保育者は多様な保育サービスの提供とともに社会を構成するあらゆる人々と協働して子育てを行っていく環境をつくっていくことが求められています。2023（令和5）年，政府は子どもの権利を擁護し，自立した個人として等しく健やかに成長する「こどもまんなか社会」の実現を目指すこども家庭庁を創設し，子育て家庭への支援策が進められています。今後，子どもと子育て家庭を支える保育者の役割はますます重要になることでしょう。

　本テキストは，保育士養成課程の科目「子ども家庭支援論」の目標と教授内容に対応したものになっています。指定保育士養成施設指定基準では，「子ども家庭支援論」の目標は，①子育て家庭に対する支援の意義・目的を理解する，②保育の専門性を活かした子ども家庭支援の意義と基本について理解する，③子育て家庭に対する支援の体制について理解する，④子育て家庭のニーズに応じた多様な支援の展開と子ども家庭支援の現状，課題について理解する，という4点を挙げています。この目標を達成させるうえで必要な子ども家庭支援の知識や技術の習得を目指しています。

　テキストの構成については，各章の最初に学ぶべきポイントを提示し，情報を整理するための図表や子育て家庭に関する事例を多く取り入れ，章の終わりに演習問題を載せることにより学生たちが具体的な家庭支援のイメージをつかみ，主体的に学ぶことができるように工夫しています。本テキストを通して一人でも多くの方が現在の子どもや子育て家庭を取り巻く課題に関心を抱き，どのような支援方法が良いのか考え，保育者としての学びが深められることを願っています。

　最後に執筆者の先生方には，ご多用のなかそれぞれの専門分野や子どもと関わる現場の豊富な経験を活かしながらご執筆いただきました。心よりお礼を申し上げます。

2023年11月　　編著者　渡邊　暁

目　次

第1章
子ども家庭支援の意義と必要性

【本章のポイント】
○子育て家庭をとりまく社会状況を理解しましょう。
○子育て家庭が抱える支援の必要性について理解しましょう。
○子ども家庭支援の対象について理解しましょう。

1 子育て家庭をとりまく社会状況

1．少子化の現状と要因

　保護者や家庭をとりまく社会状況について，まず少子化の深刻さについて考える必要があります。厚生労働省（2023）の発表（図1‐1）によると，2022（令和4）年の国内出生数は77万747人となり，前年の81万1622人から4万875人も減少しています。第1次ベビーブーム（昭和22～24年）に生まれた女性が出産したことで，第2次ベビーブーム（昭和46～49年）が起こり200万人を上回る子どもが生まれました。しかし，1973（昭和48）年に高い出生数を記録して以降，生まれてくる子どもの数は右肩下がりに減少しています。

　一人の女性が一生の間に産む子どもの数を推計した**合計特殊出生率**[1]は，2005（平成17）年には過去最低の1.26となり，その後多少は回復したものの，社会の人口を維持するために必要な**人口置換水準**[2]2.07を大きく下回る状況が続いています。

　少子化の要因として，婚姻年齢の上昇や晩婚化・非婚化の進行が挙げられます。厚生労働省の人口動態統計によると，2022（令和4）年の平均初婚年齢は，男性31.1歳，女性29.7歳となっています。平均初婚年齢は上昇しており，晩婚化が進んでいます。また，ライフスタイルの変化にともない，結婚や出産を人生における選択肢の一つとして捉え，結婚や出産をしない人々も増えています。さらに，非正規雇用，低賃金，不安定な就労状況により結婚や出産を躊躇する人々もおり，未婚化が進行し少子化の要因となっていることが考えられます。

▷1　**合計特殊出生率**
15〜49歳までの女性の年齢別出生率を合計したもので，1人の女性が一生の間に産むことができる子どもの数の平均にあたる，人口動態の重要な資料となっている。

▷2　**人口置換水準**
現在の人口規模を維持するのに必要な出生率をいう。

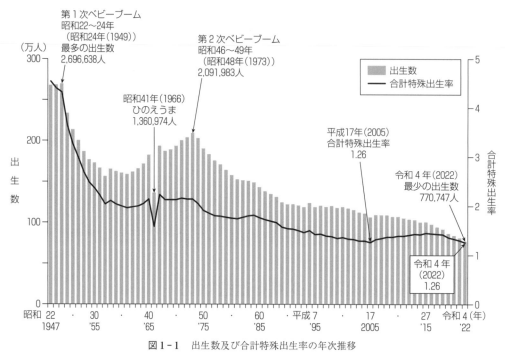

図 1 - 1　出生数及び合計特殊出生率の年次推移

出典：厚生労働省（2023）「令和 4 年人口動態統計月報年数（概数）の概況」1 頁。

2．地域社会の変化

　産業構造の変化や就業構造の変化は，かつて子育て家庭を見守り包み込み支えてきた地域社会に大きな変化をもたらしました。高度経済成長期，農林漁業などの第一次産業が激減し，商業・金融・運輸などの第三次産業が増加しました。これにより都市部に人口が流入し都市部に集中する人口の増加により，非都市部における過疎化が進み，地域社会の子育て支援機能，福祉力の低下をまねきました。都市部の人口集中は子どもが育つ環境として好ましい環境ではなく，人口集中に対応したかつての都市計画や住宅事情，大規模マンションの建築は，自然環境や安全な遊びの場の喪失をもたらしました。また，マンションの隣に誰が住んでいるかもわからないほど，近隣に関心をもたない孤立した家庭が増えています。非都市部の中には過疎化により，限界集落と呼ばれる共同体の維持が難しい地域もあり，子どもが育つ場である地域そのものが消えてしまう状況が出始めています。地域社会の人間関係の希薄化により，近隣の人々との間で子育ての協力や悩みを相談しあえる関係が得られにくくなり，家庭だけで子育てを背負う傾向が強まっています。孤立感や不安を抱えながら子育てを行っている家庭は増えています。

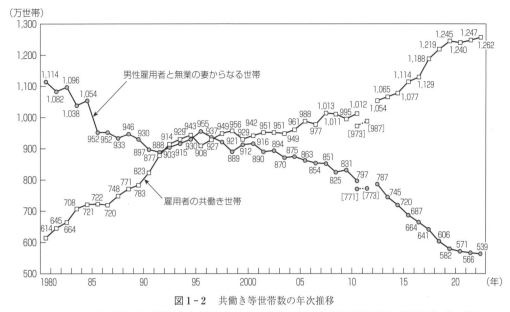

図1-2　共働き等世帯数の年次推移

資料：1980〜2001年は総務省統計局「労働力調査特別調査」，2002年以降は総務省統計局「労働力調査（詳細集計）（年平均）」。
注：1．「男性雇用者と無業の妻からなる世帯」とは，2017年までは，夫が非農林業雇用者で，妻が非就業者（非労働力人口及び完
　　　全失業者）の世帯。2018年以降は，就業状態の分類区分の変更に伴い，夫が非農林業雇用者で，妻が非就業者（非労働力
　　　人口及び失業者）の世帯。
　　2．「雇用者の共働き世帯」とは，夫婦ともに非農林業雇用者の世帯。
　　3．2010年及び2011年の［　］内の実数は，岩手県，宮城県及び福島県を除く全国の結果。
　　4．「労働力調査特別調査」と「労働力調査（詳細集計）」とでは，調査方法，調査月などが相違することから，時系列比較に
　　　は注意を要する。
出典：厚生労働省（2023）『令和5年版厚生労働白書』149頁。

2　家族形態の変化と子育て支援の必要性

1．共働き世帯の増加

　産業構造の変化，高学歴化や生活意識の変化，男女共同参画社会の進
行により就労を通じた女性の社会進出が進み，共働き世帯は年々増加し
続けています。図1-2は，共働き世帯と専業主婦世帯（男性雇用者と無
業の妻からなる世帯）を比較したグラフです。共働き世帯は，1997（平成
9）年より専業主婦世帯を上回りました。2018（平成30）年には，共働
き世帯が1219万世帯で専業主婦世帯は606万世帯となり，共働き世帯は
専業主婦世帯の2倍以上の数となっています。現代社会において仕事と
子育ての両立は未だ困難な状況にあり，女性の社会進出が進み，今後ま
すます共働き世帯が増加することが考えられる中，労働環境の整備や子
育て家庭を支える施策の充実，多様な保育サービスの提供が必要となり
ます。

2．子育て家庭が抱える支援ニーズ

　現在，少子化や共働き世帯の増加，地域社会の変化などを背景に保護者や家庭の抱える支援ニーズは増大し，多様化しています。たとえば，男性は仕事を優先せざるを得ず，子育てへの関わりが少なく，女性は仕事か子育てかの二者択一を迫られる家庭も多く，仕事と子育ての両立が困難な家庭への支援ニーズ（**ワーク・ライフ・バランス**の推進）が求められています。また，子育ての負担が女性に集中し，周りに育児を支援する人がいないことにより，子育ての不安や負担が増えている家庭への支援ニーズ，地域とのつながりの希薄化にともない子育て力の低下している家庭や地域に対しての支援ニーズなど，保育者は保護者や家庭の抱える様々な子育ての課題に気づき，支援する必要があります。

　子ども家庭への支援においては，保護者や家庭が抱える支援ニーズを明確に認識し，支援する必要があります。保護者や家庭の抱える支援ニーズは，社会環境，地域環境の多様化にともない移り変わっていきます。現在，少子化や核家族化，地域コミュニティの希薄化，女性の働き方の変化やライフスタイルの変化，外国籍家庭の増加などにともない，多様な支援ニーズに応じることが求められています。次節では，支援ニーズの中から，ひとり親家庭への支援と外国籍家庭，異なる文化的背景をもつ子どもと家庭への支援について考えます。

3　子育て家庭の支援ニーズの実際

1．ひとり親家庭の現状

　ひとり親家庭とは，母子世帯・父子世帯の総称であり，一般的には子どもが母親または父親のいずれか一方と暮らす家庭のことをいいます。厚生労働省の発表によると，ひとり親世帯は，母子世帯が119.5万世帯，父子世帯が14.9万世帯（推計値）とされています。ひとり親世帯になった理由は，母子世代では，離婚79.5％，死別5.3％，父子世帯では，離婚69.7％，死別21.3％と母子世帯と父子世帯ともに離婚が最も多くなっています（厚生労働省，2022）（表1-1）。

　ひとり親世帯の仕事の状況を見ると，母子世帯の母の86.3％が働いています。そのうち，「正規の職員・従業員」は48.8％，「自営業」は5.0％，「パート・アルバイト等」は38.8％となっています。一方で父子世帯の父は88.1％が働いており，「正規の職員・従業員」は69.9％，

▷3　ワーク・ライフ・バランス
仕事と生活の調和がとれ，両立することにより，仕事・生活の両方を充実させ，相互によい影響を与えることを意味する。

表 1 - 1　母子世帯と父子世帯の状況

		母子世帯	父子世帯
1	世帯数	119.5万世帯 (123.2万世帯)	14.9万世帯 (18.7万世帯)
2	ひとり親世帯になった理由	離婚　79.5% (79.5%) [79.6%]　死別　5.3% (8.0%) [5.3%]	離婚　69.7% (75.6%) [70.3%]　死別　21.3% (19.0%) [21.1%]
3	就業状況	86.3% (81.8%) [86.3%]	88.1% (85.4%) [88.2%]
	就業者のうち 正規の職員・従業員	48.8% (44.2%) [49.0%]	69.9% (68.2%) [70.5%]
	うち 自営業	5.0% (3.4%) [4.8%]	14.8% (18.2%) [14.5%]
	うち パート・アルバイト等	38.8% (43.8%) [38.7%]	4.9% (6.4%) [4.6%]
4	平均年間収入 [母又は父自身の収入]	272万円 (243万円) [273万円]	518万円 (420万円) [514万円]
5	平均年間就労収入 [母又は父自身の就労収入]	236万円 (200万円) [236万円]	496万円 (398万円) [492万円]
6	平均年間収入 [同居親族を含む世帯全員の収入]	373万円 (348万円) [375万円]	606万円 (573万円) [605万円]

注：1．令和 3 年度の調査結果は推計値であり，平成28年度の調査結果との比較には留意が必要。
　　2．（　　）内の値は，前回（平成28年度）調査結果を表している。（平成28年度調査は熊本県を除いたものである）
　　3．［　　］内の値は，今回調査結果の実数値を表している。
　　4．「平均年間収入」及び「平均年間就労収入」は，令和 2 年の 1 年間の収入。
　　5．集計結果の構成割合については，原則として，「不詳」となる回答（無記入や誤記入等）がある場合は，分母となる総数に不詳数を含めて算出した値（比率）を表している。
出典：厚生労働省（2022）「令和 3 年度全国ひとり親世帯等調査結果の概要」1 頁。

「自営業」は14.8%，「パート・アルバイト等」は4.9%となっています。

　また，収入の状況については，母子世帯の母の平均年間収入は272万円（そのうち就労収入は236万円），父子世帯の父の平均年間収入は518万円（そのうち就労収入は496万円）となっています。この調査結果から，父子世帯より母子世帯の方が経済的に不安定な現状がみえてきます。

2．ひとり親家庭への支援

　ひとり親家庭への公的な支援については，①子育て・生活支援策，②就業支援策，③養育費の確保策，④経済的支援策の 4 つの柱により施策が進められています（図 1 - 3）。

（1）子育て・生活支援
　ひとり親家庭の保護者が安心して仕事と子育てを両立しながら生活の安定と向上を図るための支援を行うことは重要です。
　「**母子・父子自立支援員**」による相談・支援」は，福祉事務所などに配置されている母子・父子自立支援員が，保護者に対して仕事や子育てな

▷ 4　**母子・父子自立支援員**
ひとり親家庭などに対して，社会生活における相談に応じ，自立に必要な情報提供，指導を行うとともに，職業能力の向上および求職活動に関する支援を行う。

○ひとり親家庭等に対する支援として，「子育て・生活支援策」，「就業支援策」，「養育費確保策」，「経済的支援策」の4本柱により施策を推進。

子育て・生活支援	就業支援	養育費確保支援	経済的支援
○母子・父子自立支援員による相談支援 ○ヘルパー派遣，保育所等の優先入所 ○こどもの生活・学習支援事業等による子どもへの支援 ○母子生活支援施設の機能拡充　　　　　　など	○母子・父子自立支援プログラムの策定やハローワーク等との連携による就業支援の推進 ○母子家庭等就業・自立支援センター事業の推進 ○能力開発等のための給付金の支給　　　　　　など	○養育費等相談支援センター事業の推進 ○母子家庭等就業・自立支援センター等における養育費相談の推進 ○「養育費の手引き」やリーフレットの配布　　　　　　など	○児童扶養手当の支給 ○母子父子寡婦福祉資金の貸付 　就職のための技能習得や児童の修学など12種類の福祉資金を貸付 　　　　　　など

○「母子及び父子並びに寡婦福祉法」に基づき，
　① 国が基本方針を定め，
　② 都道府県等は，基本方針に即し，区域におけるひとり親家庭等の動向，基本的な施策の方針，具体的な措置に関する事項を定める自立促進計画を策定。

【ひとり親支援施策の変遷】
○平成14年より「就業・自立に向けた総合的な支援」へと施策を強化し，「子育て・生活支援策」，「就業支援策」，「養育費確保策」，「経済的支援策」の4本柱により施策を推進中。
○平成24年に「母子家庭の母及び父子家庭の父の就業の支援に関する特別措置法」が成立
○平成26年の法改正（※）により，支援体制の充実，就業支援施策及び子育て・生活支援施策の強化，施策の周知の強化，父子家庭への支援の拡大，児童扶養手当と公的年金等との併給制限の見直しを実施。（※母子及び父子並びに寡婦福祉法，児童扶養手当法）
○平成28年の児童扶養手当法の改正により，第2子，第3子以降加算額の最大倍増を実施。
○平成30年の児童扶養手当法の改正により，支払回数を年3回から年6回への見直しを実施。
○令和2年の児童扶養手当法の改正により，児童扶養手当と障害年金の併給調整の見直しを実施。

図1-3　ひとり親家庭等の自立支援策の体系

出典：こども家庭庁（2023）「令和5年ひとり親家庭等の支援について」11頁。

▷5　家庭生活支援員
ひとり親家庭および寡婦家庭が就職活動や病気などにより一時的に生活援助・保育サービスが必要な場合に日常生活の支援を担う職種。

▷6　ショートステイ
子どもを一時的に養育（原則7日以内）する事業。保護者が子どもと共に入所することもできる。

▷7　トワイライトステイ
保護者が仕事などの理由により，夜間の時間帯や休日において子どもを養育することが困難となった時に，子どもを預かり，生活指導，食事の提供などを行う事業。

どの生活全般の相談に応じ，利用できる制度の紹介や助言などが実施されています。

「ひとり親家庭等日常生活支援事業」は，保護者が就職活動や病気，残業などにより一時的に日常生活を営むのに支障がある時に**家庭生活支援員**（ホームヘルパー）を派遣し，保育サービスなどの日常生活に必要な支援が行われています。

「子育て短期支援事業」は，保護者が病気や仕事などで一時的に子育てが困難になった場合や育児不安・育児疲れなどの身体的，精神的負担の軽減が必要な場合に子どもを児童養護施設などで一時的に預かる「**ショートステイ**（短期入所生活援助事業）」が実施されています。また，平日の夜間や休日の昼間に子どもを児童養護施設などで預かる「**トワイライトステイ**（夜間養護等事業）」が行われています。

その他に，ひとり親家庭の子どもの保育所への優先入所などがあります。

（2）就業支援

ひとり親家庭の保護者の就業を支援するために，母子家庭等就業・自立支援センターに配置された就業相談員が就労相談に応じ，ハローワー

クと連携して就職情報の提供が行われています。また，資格取得のための就業支援の講座を受講した際の受講料の一部を支給する取り組みが実施されています。

（3）養育費の確保支援

ひとり親家庭の保護者の養育費確保支援としては，母子家庭等就業・自立支援センターに配置された養育費専門相談員が養育費の取り決めや確保の問題に関する相談や情報提供が行われています。また，養育費等相談支援センターでは，困難事例への対応や相談の受付，養育費の相談にあたる人材を対象とした研修会などを実施しています。

（4）経済的支援

経済的支援としては，ひとり親家庭の生活の安定と自立の推進に貢献するため，児童扶養手当を支給するほかに，無利子もしくは安い利子で資金を貸し付ける**母子父子寡婦福祉資金**や遺族年金などの制度があります。

▷8　母子父子寡婦福祉資金
20歳未満の児童を扶養しているひとり親家庭や寡婦家庭を対象に，経済的自立と生活意欲の助長，その児童の福祉の増進をはかるために，資金を貸し付ける事業。

3．異なる文化的背景をもつ子どもと家庭の現状

法務省在留外国人統計（2023）によると，2022（令和4）年12月現在，日本には307万5213人と300万人を超える外国人が暮らしており，異なる文化的背景をもった人々は増加しています。また，子どもが日本国籍であっても両親が外国籍である場合や国際結婚などによりどちらかの親が外国籍など，様々な文化的背景をもつ子どもと家庭は増えている現状がみられます。保育者は，子どもたちが異なる国籍や文化の違いを認め合い，互いに尊重する心を育てるよう教育し，子どもと保護者それぞれに目を向けながら，多様性に対応できる専門性が求められます。

4．異なる文化的背景をもつ子育て家庭への支援

保育園などには，多くの異なる文化的背景をもった子どもたちが通い，日本の文化や生活習慣を取り込みながら過ごしています。異なる文化的背景をもつ子どもと保護者への支援においては，言語面での困難や宗教・文化の違いによる困難を抱えている人々がおり，十分に配慮する必要があります。

日本語でのコミュニケーションに困難を抱えている子どもと保護者に対しては，ゆっくりとした会話を心掛け，読み書きに困難がある保護者に向けた連絡ノートやおたよりには，ひらがなや漢字にルビをつけて情

報提供するなどの工夫が求められます。

　また，異なる文化的背景をもつ子育て家庭にとっては，宗教があらゆることに優先される家庭や食事，生活習慣，衣服など，様々な生活文化や価値観の相違があります。たとえば，イスラム教で豚肉を食べないなどの食事に制限がある家庭には，別メニューの給食を提供する，または保護者に弁当を用意してもらうなどの対応が必要です。保育者は異なる文化的背景をもつ家庭に対して，異なる文化や生活習慣の違いを認め，そのまま受け入れながら，複数の言語や文化の中を生きる子どもと保護者の支援ニーズを理解したうえで適切に対応することが求められます。

```
◆演習問題

(1)　子どもを抱える家庭をとりまく社会状況について意見交換してみましょう。
(2)　保育において，子どもの保護者や家庭が抱える支援ニーズを理解する必要性について考えてみましょう。
```

引用・参考文献

〈ウェブサイト〉

・厚生労働省（2022）「令和3年度全国ひとり親世帯等調査結果の概要」1頁（https://www.mhlw.go.jp/content/11920000/001027800.pdf　2023年7月1日アクセス）。

・厚生労働省（2023）「令和4年度人口動態統計月報年計（概数）の概況」4頁（https://www.mhlw.go.jp/toukei/saikin/hw/jinkou/geppo/nengai22/dl/gaikyouR4.pdf　2023年6月15日アクセス）。

・厚生労働省（2023）『令和5年版　厚生労働白書』149頁（https://www.mhlw.go.jp/wp/hakusyo/kousei/22/dl/zentai.pdf　2023年9月11日アクセス）。

・こども家庭庁支援局家庭福祉課（2023）「令和5年ひとり親家庭等の支援について」11頁（https://www.cfa.go.jp/assets/contents/node/basic_page/field_ref_resources/0a870592-1814-4b21-bf56-16f06080c594/03005900/20230401_policies_hitori-oya_14.pdf　2023年7月1日アクセス）。

・法務省（2023）「在留外国人統計（旧登録外国人統計）統計表」2022年12月末現在（https://www.moj.go.jp/isa/policies/statistics/toukei_ichiran_touroku.html　2023年7月1日アクセス）。

第2章
子ども家庭支援の目的と機能

【本章のポイント】
○保育士等が行う子ども家庭支援の目的について理解しましょう。
○子ども家庭支援の概要について理解しましょう。
○保育士等が行う子ども家庭支援の概要について理解しましょう。

1 子ども家庭支援の目的

1．子ども家庭支援とは

○ミニワーク
　みなさんが「保育士」という言葉を聞いて思いつく言葉を，下の欄に
1分間でできるだけたくさん書き出してみましょう。

「保育士」

　多くの人は，たとえば「子ども」「幼児」「赤ちゃん」などの言葉が
真っ先に思い浮かび，「手遊び」「ピアノ」「おりがみ」などの保育内容
や，「やさしい」「元気」「いそがしい」など，保育士に対して現在あな
たが抱いている印象を思い浮かべるのではないでしょうか。さて，みな
さんの中で，「保護者」「家庭」「相談」「支援」などの言葉を書いた人は
いますか。保育所保育指針における家庭支援に関しては，本章の後半や
第3章で詳しく取り上げます。
　児童福祉法第18条の4によると，「保育士とは（中略），保育士の名称
を用いて，専門的知識及び技術をもつて，児童の保育及び児童の保護者
に対する保育に関する指導を行うことを業とする者をいう」（下線は筆
者）と明記されています。つまり，保育士は子どもの保育だけでなく，
保育者としての専門性を発揮して，保護者へ子育てに関する指導を行う

▷1　児童福祉法
1947（昭和22）年に制定さ
れた法律であり，保育所の
設置基準や保育士資格に係
る要件だけでなく，児童虐
待への対応や障害児への福
祉政策等，児童の福祉に関
わる包括的な内容を含む。
2016（平成28）年の改正に
おいて，児童が権利の主体
であること，児童の最善の
利益が優先されることが明
確化された（中央法規出版
編集部，2016：5）。

ことも求められているのです。みなさんは,「指導」と聞くと何か保護者に「教えなければいけない」「正しいことを伝えなければいけない」と肩に力が入ってしまうかもしれません。保育士が保護者に対して行う保育の「指導」とは,保護者をとりまく環境や社会状況,そして保護者自身の思いを大切にし,保護者と保育士との「対話」を基礎にして行われるものです。保育士は保護者と「対等な関係」であることを忘れないようにしましょう。

「子ども家庭支援」とは,橋本真紀（2021：2）によれば,「家庭の成立,営みへの支援,親子の成長や欲求充足への支援,家族関係の調整,家庭と社会の関係の回復や創出に関わる包括的な取り組み」であるとされます。たとえば育児不安を抱える保護者への支援,発達の遅れがみられる子どもの保護者への支援,養育困難を抱える保護者への支援,貧困家庭の保護者への支援,外国籍家庭の保護者への支援などが挙げられます。当然ながら保育士一人で家庭を支援できる場面は少なく,園全体で支援する必要がある場合もあります。また,保育士には関係機関（児童相談所,保健センター,小学校など）と連携してチームとして保護者を支えることも求められています。みなさんも,保育士として保育現場に立った時には,積極的に保護者を支援する姿勢をもってほしいと思います。

2．保育士に求められる支援技術

子ども家庭支援において保育士が用いる支援技術について,徳永聖子（2021：54-55）は橋本真紀（2011）がまとめた相談支援の15の技術を紹介しています。

（1）受信型の支援技術
①**観察**⇒視覚・聴覚を用いて子どもや保護者の行動や状態,経過等を観察する。
②**情報収集**⇒家庭の様々な情報（家族構成,経済状態等）を収集する。
③**状態の読み取り**⇒①,②をもとに家庭の状態を保育士が読み取る。
④**共感・同様の体感**⇒保護者の状況や気持ちを理解し共有しようとする。

（2）発信型の支援技術
⑤**承認**⇒保護者の行っている子育てによる子どもの変化を認める技術。
⑥**支持**⇒保護者の子育てを保育士が認め,励ます技術。
⑦**気持ちの代弁**⇒子どもや保護者の気持ちを保育士が読み取り伝える

技術。

⑧**伝達**⇒子どもの状態や保育者の心情などをありのままに伝える技術。

⑨**解説**⇒観察などで得られた情報を保育技術の視点から分析し伝える技術。

⑩**情報提供**⇒一般的な子育てや子どもに関する情報を伝える技術。

⑪**方法の提案**⇒保護者が子育てに活かせるための技術を提案する技術。

⑫**対応の提示**⇒保育士が今後保護者や子どもにどう対応するのかを示す技術。

⑬**物理的環境の構成**⇒保護者の支援のために物理的環境を構成する技術。

⑭**行動見本の提示**⇒保護者が活用できる行動見本を保育士が示す技術。

⑮**体験の提供**⇒保護者が新たな子育ての方法を獲得する体験を提供する技術。

　この15の技術を読んでみなさんはどう感じましたか。「なんだか難しそう」と思った人もいるかもしれませんし、「15もどうやって使えばよいかわからない」と思った人もいるかもしれません。現場の保育士は、この15の技術を自然に組み合わせて、保護者への子育て支援を行っています。まずは実習で、朝の送りや帰りのお迎えの際に、保育士がどのように保護者と話しているかをよく観察しておき、「承認を使っているな」とか「子どもの気持ちの代弁をしている」など、保育士の応答を自分なりに分析してみると、実習の学びがより深くなると思われます。

3．子ども家庭支援に求められる態度

　みなさんが保育者として子育て家庭を支援する際、どのような態度で保護者と関わる必要があるでしょうか。冒頭にも記したとおり、児童福祉法第18条の４には、「この法律で、保育士とは（中略）、保育士の名称を用いて、専門的知識及び技術をもつて、児童の保育及び児童の保護者に対する保育に関する指導を行うことを業とする者をいう」と明記されています。保育所保育指針の解説書には、「子どもの保護者に対する保育に関する指導とは、保護者が支援を求めている子育ての問題や課題に対して、保護者の気持ちを受け止めつつ行われる、子育てに関する相談、助言、行動見本の提示その他の援助業務の総体を指す」とされています（汐見・無藤、2018：304）。また、「保育所における保護者に対する子育て支援は、**子どもの最善の利益**▷2を念頭に置きながら、保育と密接に関連して展開されるところに特徴がある」とされています。すなわち保育者が

▷2　**子どもの最善の利益**
「児童の権利に関する条約」に定められており、網野（2002）によれば「子どもの生存・発達を最大限の範囲で確保するために、必要なニーズが確保されること」を指す（中央法規出版編集部、2016：240）。

行う保護者への子育て支援は，保育の専門性を基礎にして，保護者がよりよい子どもとの関係や，子育てを行うことができるようになることを目指して行われる営みであり，保育者と保護者は対等な関係であることが前提になります。まずは保育者と保護者の信頼関係を形成することが，保育者が行う子育て支援の第一歩です。具体例を挙げると，保育者が元気に明るく子どもや保護者にあいさつをすること，お迎えや連絡帳で，子どもの日々の成長や変化，ケガやトラブルなどを誠実に報告すること，保護者の表情や服装，態度の変化にも細かく気を配り，さりげなく保護者を気遣う声かけをすることなど，日々の細かい配慮と行動が，保育者と保護者の信頼関係を作るのです。

　次に，保育者が保護者を支援する際に必要な態度としては，保護者の気持ちや言い分を「自分の価値観を入れることなく」受け止める，「受容」の態度が必要となります。架空の事例をもとに，保育者が保護者を「受容」するとはどのようなことかを考えてみましょう。

> 3　イヤイヤ期
> 正式名称を「第一反抗期」という。2歳前後からの子どもにみられ，自己主張が強くなり自分でなんでもしたがる傾向が強まる。この時期は保護者にとっても子育てのストレスが強くなることが多い。

【事例1-1】スマホ育児がなぜ悪いの？
　保育園1歳児クラスのアキちゃん（女児）は「イヤイヤ期」[3]に入り，お母さんの言うことをまったく聞いてくれません。夕方お母さんがお迎えに来ても「イヤだ。かえらない」と言って園内を逃げ回ります。第二子を妊娠中のお母さんはアキちゃんを追いかけることができず，いつも困っていました。でもお母さんがアキちゃんにスマホを渡すと，アキちゃんはぐずらず帰るようになりました。さようならのあいさつをすると，アキちゃんはすぐにスマホで動画を見始めます。
　担任のカナ先生は，お母さんに「小さい頃から子どもにスマホを見せるとよくないのではないか」と伝えてみました。するとお母さんは「なぜいけないのですか？」「アキは何を言っても聞かないんです。帰らないと先生も私も困りますよね。スマホを見せて大人しくさせるのは効率的な育児だと思います」と納得がいかない様子です。

　この事例では，カナ先生はアキちゃんが心配なあまり，「スマホ育児はよくない」という自分の価値観を先にお母さんに伝えてしまいました。アキちゃんは「イヤイヤ期」で言うことを聞いてくれない点，お母さんは妊娠中であり，十分にアキちゃんに関われない点，などをカナ先生が理解したうえで「お母さんが困っていること」について話を聞く姿勢を見せれば，お母さんの反応も違っていたかもしれません。かといって，「スマホ育児」のリスクをお母さんに伝えないままにしておくと，アキちゃんの発達に今後なんらかの影響がみられるかもしれません。「受容」とは，保護者の意見や決断を無条件に受け入れることではありません。保育者は子どもの最善の利益を考え，保護者に働きかけることが必要な

場合がありますが，この事例のように，保育者と保護者の意識にズレが
みられる場合は，保護者の気持ちを受け止めたうえで行動することが必
要になってきます。

　みなさんも，ふだん人と接していて，「この人の考え方は自分と合わ
ない」などと思うことはありませんか。当然のことですが，自分以外の
人が感じている気持ちや考えたりしている内容をすべて理解することは
できません。そこで，自分の感じ方や考え方とは違う捉え方をしている
人もいるかもしれないと常に意識しておくことで，「自分の価値観にと
らわれない」で人と接することが少しずつできるようになるかもしれま
せん。「自分の価値観にとらわれない」姿勢を身につけておくことが，
保育者として保護者を支援する際に重要になってくるでしょう。

2　子ども家庭支援の機能

1．保育所保育指針における子ども家庭支援

　本項では，保育所保育指針における子ども家庭支援の概要についてみ
ていきます。「保育所保育指針　第4章子育て支援　1保育所における
子育て支援に関する基本的事項　(1)保育所の特性を生かした子育て支
援」には，以下のような記載があります。

ア　保護者に対する子育て支援を行う際には，各地域や家庭の実態
　　等を踏まえるとともに，保護者の気持ちを受け止め，相互の信頼
　　関係を基本に，保護者の自己決定を尊重すること。（下線は筆者）

　保育者が行う子ども家庭支援の内容については後ほど取り上げますが，
いずれの場合にも，保育者は保護者と温かな信頼関係を構築し，保護者
と密にコミュニケーションを図ることが求められています。保育者は保
護者に一方的に支援を提供するのではなく，最終的には保護者が自分自
身で決定できるように援助していくことが求められてきます。

　また，保育所は集団生活の場であり，子どもが日々生活する場でもあ
ります。日々の保育の中でみられた子どもの成長を保護者に丁寧に伝え
ていくことで，保護者は子育てにやりがいや達成感を感じることができ
るでしょう。そして，参観や行事等の機会を通して集団の中での子ども
の姿を目にすることで，保護者は子どもの成長を客観的に捉えることが
できるようになります。

保育者が保護者の子育て支援を行うにあたっては，プライバシーの保護や秘密の厳守が重要になってきます。「保育所保育指針　第4章子育て支援　1保育所における子育て支援に関する基本的事項　(2)子育て支援に関して留意すべき事項」には以下のような記載があります。

　イ　子どもの利益に反しない限りにおいて，保護者や子どものプライバシーを保護し，知り得た事柄の秘密を保持すること。

　保育所保育指針の解説書では，「プライバシーの保護とは，その本人が特定される情報や私生活に関わる情報を守ることであり，知り得た情報の秘密保持とは本人が他言しないでほしいと望む全ての情報を守ることである」と述べています（汐見・無藤，2018：398）。具体例を挙げると，子どもや保護者に関わる情報をSNSにアップする，食事会の席など他の人に聞かれるかもしれない状況で話題にする，朝の送りや夕方のお迎えの際に，他の保護者に聞かれるかもしれない状況で子どもの発達に関する話をする，などが挙げられます。児童福祉法第18条の22では，「保育士は，正当な理由がなく，その業務に関して知り得た人の秘密を漏らしてはならない。保育士でなくなつた後においても，同様とする」と明記されています。保育者になるみなさんには，専門家としての厳しい倫理観をもって職務にあたる必要があることを忘れないでいただきたいと思います。なお，子どもが不適切な養育を受けている等，秘密保持が子どもの福祉を侵害するおそれがある場合には，保育者は市町村に通告する義務があります（児童福祉法第25条，および児童虐待の防止等に関する法律第6条）。その場合は守秘義務の違反にはあたらないことを理解しておきましょう。

　詳しくは他の章で取り上げますが，保育所保育指針の，保育所を利用している保護者に対する子育て支援の中で，保護者の状況に応じて個別の支援が必要になる場合について概要をみていきましょう。「保育所保育指針　第4章子育て支援　2保育所を利用している保護者に対する子育て支援　(2)保護者の状況に配慮した個別の支援」では，以下の3点が明記されています。

　①　病児保育や延長保育を実施する場合には，保護者の状況に配慮するとともに子どもの福祉が尊重されるよう努める。

　　⇒子どもの生活が尊重されるように，受け入れのルールや子どもの生活の連続性を考慮することが必要となる。

　②　子どもに障害や発達上の課題がみられる場合には，関係機関と連

携しながら保護者へ個別の支援を行うよう努める。

　⇒子どもの発達上の課題を保護者が受け止められるよう，保育者は
　　丁寧に保護者に関わるとともに，児童発達支援センター等関係機
　　関との連携を図りながら支援していく。

③　外国籍家庭など特別な配慮が必要となる家庭には，状況に応じて
　　個別の支援を行うよう努める。

　⇒外国籍家庭，ひとり親家庭，貧困家庭など特別な配慮を要する家
　　庭への支援を，行政等の関係機関と連携して行う。

　保育者は，家庭の状況に応じて個別の支援を行う必要性があること，
その際に関係機関との連携が重要になってくることを覚えておきましょ
う。

２．特に配慮を要する家庭への支援

　保護者に育児不安がみられたり，不適切な養育が疑われる場合の対応
には，「保育所保育指針　第4章子育て支援　2保育所を利用している
保護者に対する子育て支援　(3)不適切な養育等が疑われる家庭への支
援」に以下のア・イの2点が記載されています。

> ア　保護者に育児不安等が見られる場合には，保護者の希望に応じ
> 　　て個別の支援を行うよう努めること。

　「子育ては孤育て」とよく言われますが，子育ては正解のない営みで
す。現代の子育て家庭は，**拡大家族**より**核家族**の割合が多くなっていま
す。特に日本社会においては，母親に過重な育児負担がかかる現状が根
強くあります。相談する相手や頼ることができる相手がいない中で，必
死に子育てをしている母親は少なくないと思われます。一方で，イン
ターネットの普及により，育児に関する不安や悩みに対する対処法は，
検索すればすぐに見つけることが可能になっています。しかしインター
ネット上の情報は，信頼性の高いものから信頼性が疑われるものまで
様々です。膨大なインターネットの情報から目の前の自分の子どもに今
一番必要なことを選択することは，簡単ではありません。そのため，多
くの保護者が，インターネットの情報によってさらに子育てに対する不
安を強くするという現象が起こっていると考えられます。

　保育者は，日々保護者と顔を合わせて接することが可能な専門職であ
り，保護者にとっては育児の不安や悩みを打ち明けることができる，最
も身近な相談相手です。保育者は，保育の知識と専門性を活かし，必要

▷4　**拡大家族**
夫婦と同居する両親や親族
等から構成される家族。

▷5　**核家族**
夫婦のみ，もしくは夫婦と
未婚の子ども等から構成さ
れる家族。

に応じて**ソーシャルワーク**[46]や**カウンセリング**[47]の知識や技術を用いて個別に保護者への支援を行うことが必要となります。保護者の支援は，保育者一人で行うものではありません。園内では主任や園長等の管理職，同僚の保育士が，役割分担や連携をして支援にあたることが必要となります。また，園外の専門機関（行政，病院など）との連携も必要となってくる場合があります。大事なことは「子どもの最善の利益」を中心に考え，子育て家庭に今必要な支援は何なのかを，その家庭に関わるすべての関係機関が一緒に考えることです。

> イ　保護者に不適切な養育等が疑われる場合には，市町村や関係機関と連携し，**要保護児童対策地域協議会**[48]で検討するなど適切な対応を図ること。また，虐待が疑われる場合には，速やかに市町村又は児童相談所に通告し，適切な対応を図ること。

　こども家庭庁によると，2022（令和4）年度に児童相談所が対応した児童虐待相談の対応件数は，21万9170件であり，過去最多となっています。統計を取り始めた1990（平成2）年度の件数が1101件であったことを考えると，約30年で200倍近くになっていることがわかります（第14章の図14-2参照）。さらに，2021（令和3）年度に虐待により死亡したとされる子どもの数は74名であり，「心中以外の虐待死」のうち，24名（48.0％）が0歳児です（こども家庭庁，2023）。特に乳幼児は，虐待が与える心身への影響が図り知れず，命に関わる重大事態に直結することがわかります。保育所保育指針の解説書には，保護者に不適切な養育や虐待が疑われた場合について，まずは保護者と保育者の間で子育ての意識についてズレや対立が起こりうることを考慮したうえで，日頃から保護者と密接に関わることが重要であると述べています（汐見・無藤，2018：312-313）。また，虐待が疑われる場合には，速やかに市町村または児童相談所への通告を行うとともに，関係機関と連携，協働していくことが求められています。虐待発見時には，事実関係を詳しく記録（文書だけでなく写真等も含む）しておくことが求められています。

　第8章，第14章でも詳しく取り上げますが，保育者は児童虐待の予防，対応の最前線にいる専門職であることを忘れないようにしましょう。各園で虐待発見時のマニュアルを作成しているので，保育実習の際，担当の先生に頼んで実習園の虐待対応マニュアルを見せてもらってください。また，虐待のニュースを見ると心が痛くなる人も多いと思いますが，みなさんが未来に出会う子どもや家庭を保育者としてどう支えるかを考え

ることは大事です。虐待のニュースや関連する法律の改正には常に目を
通すようにしておきましょう。

3．事例をもとに考える

　ここでは事例をもとに，保育者が行う子ども家庭支援の実際を考えて
みましょう。

（1）子どもに言葉の遅れがみられた母親の支援

　日々の保育の中で，子どもの発達について気になる点に気づくことが
あります。保育者にはどのような支援ができるでしょうか。保護者の心
配事に対してどのような姿勢で関わることが大切かみていきましょう。

【事例1-2】先生と一緒なら相談してみようかな

　保育園に通っているユミちゃん（1歳児クラスの2歳児）は，まだ言葉
を話しません。「ママ」や「ブーブ（車のこと）」など，単語が2，3語出
る程度です。担任のマサル先生は，ユミちゃんがなかなか語彙が増えない
ことを心配していました。ユミちゃんのお母さんは，「この子は一人っ子
で私がなんでもしてあげるから，自分で話す必要がないのかもしれませ
ん」とマサル先生に相談したことがありました。マサル先生は，「お母さ
んのご心配ももっともだと思います。実は来月，園に**巡回相談**の先生方が
来られるんです。ユミちゃんの言葉がどうやったら増えるか，一度相談し
てみませんか」とお母さんに提案してみました。はじめは「知らない人に
相談するのはちょっと……」と，相談するのを拒んでいたお母さんでした
が，マサル先生も相談に同席できると聞き，「先生と一緒なら」と相談す
ることを決めました。

　巡回相談の日，ユミちゃんの保育中の様子を保健師に見てもらった後，
お母さんとマサル先生は保健師に相談しました。保健師がお母さんに，
「お母さん，今まで一人で悩んで大変だったでしょう」と伝えると，お母
さんは泣き出し，「私の子育てが悪いからユミの言葉が出ないと思ってい
た」と苦しい胸の内を話しました。保健師は，丁寧にお母さんの気持ちや
悩みを聞きとり，今後ユミちゃんの言葉を伸ばすための個別支援ができる
療育機関を紹介することになりました。療育機関に通い始めたユミちゃん
は，言葉の数が増え，自分の伝えたいことを少しずつお母さんやマサル先
生に伝えることができるようになっています。

▷9　巡回相談
正式名称は「保育巡回相
談」という。保健師，臨床
心理士，発達に詳しい保育
士等がチームを組んで保育
所を定期的に訪問し，支援
が必要な子どもの行動観察，
保護者との相談，発達検査，
保育者への助言等を行う。

　ユミちゃんのお母さんは，最初は巡回相談で専門家に相談することを
拒みました。保護者にとっては，専門家に相談することは敷居が高く，
「専門家に自分のこれまでの育児が否定されるのではないか」という不
安を感じる保護者もいます。そこでマサル先生は，「一緒に相談する」
ことを提案してみました。するとお母さんは，信頼できる担任の先生が

一緒ならと思い，相談することを決めたようです。保健師は，お母さんの不安やいままでの子育てを「ねぎらう」言葉かけをしました。するとお母さんは，今まで胸の内に一人で抱えていた，子どもの言葉が出ないことへの不安や自分自身を責める気持ちを言葉にしました。そこから，外部の専門機関への通所が決まり，ユミちゃんの言葉の発達が進んだのでした。この事例のように，保護者は子どもの発達についてなんとなく気になっていても，現実に直面したくない心の動きが生じることがあります。マサル先生のように，保護者の不安ととまどいを受け止めたうえで，「一緒に考える姿勢」が大切になってきます。

（2）育児不安に悩む母親の支援
　子ども家庭支援においては，保護者への支援という視点も重要です。保護者の不安が子どもの気になる行動として表れる場合，どのようにかかわっていけばよいでしょうか。

【事例1-3】お母さんがお疲れなのが気になっています
　タロウ君（3歳クラス）のお母さんは，最近疲れているようです。朝，タロウ君を保育所に送ってくる際も，お母さんは「早くしなさい！」「さっさと歩いて！」と強い調子で声をかけています。するとタロウ君は泣き出し，「もう行かない！」と逃げ回ってしまい，なかなか保育園の中に入りません。担任のマリ先生は，お母さんの様子がとても気になっていました。そこで，ある日の夕方，マリ先生は「お母さん，少しお時間いただけますか」とお母さんに声をかけ，応接室でタロウ君のお母さんと話をすることになりました。マリ先生が，「最近お母さんがお疲れの様子なのが気になっています」と声をかけると，お母さんはため息をついて，「タロウが最近園に行きたくないと言うんです。私は朝仕事に行かないといけないのに。夫に相談したら，『君がなんとかして。私は仕事で忙しい』って言うだけで何もしてくれないんです」と話しました。マリ先生がお母さんの苦労をねぎらい，最近タロウ君がお友だちにやさしくできたこと，先生の荷物を持ってくれたことなどを話すと，「タロウも成長しているんですね」とお母さんは少しほっとした様子でした。
　マリ先生とお母さんは，タロウ君が楽しく園に行けるようになるための作戦を話し合い，「がんばりカード」を作ることにしました。朝に泣かずに保育園に来られたら，お母さんが夕方迎えに来た時に，マリ先生に「がんばりカード」にシールを1枚貼ってもらうのです。その結果，少しずつタロウ君の行き渋りは少なくなってきています。お母さんは「あの時，先生が声をかけてくれなかったら，タロウをたたいたりどなったりしていたかもしれません。これからもよろしくお願いします」とマリ先生に笑顔で語りました。

　マリ先生は，登園渋りを示すタロウ君への対応にお母さんが疲れきっていることに気づき，タイミングを見て声をかけ，プライバシーが守られる空間で話をすることにしました。するとお母さんは，忙しい時間にタロウ君が園に行かないと言ってとても困っていること，夫の協力が得られず孤独感を募らせていることを，マリ先生に打ち明けました。そこでマリ先生は，保育園でのタロウ君の成長した姿をお母さんに伝えてみました。するとお母さんの心に少しのゆとりが生まれたと考えられます。「がんばりカード」作戦が効果があったようで，タロウ君の登園渋りは減っていきました。マリ先生の保護者への支援は，保育の専門家としての視点を活かしたものになっていることがわかります。また，保護者と保育者が，「一緒に子どものことを考える」ことが子どもを支えることになるのがよく伝わります。

　子ども家庭支援の具体的な事例については，他の章でもたくさん紹介されています。読者のみなさんも，事例を読みながら「保護者の気持ち」「保育者の対応のポイント」を理解しましょう。そして，「自分が保育者ならこの事例にどのように関わるか」についても考えると，保育者の行う子ども家庭支援に関してより深い学びにつながると思います。次章以降で，子ども家庭支援の制度や実際の取り組みについて詳しく学んでいきましょう。

◆演習問題

(1)　事例1-1「スマホ育児がなぜ悪いの？」を読み返し，あなたがカナ先生の立場だったら，「なぜ子どもにスマホを見せてはいけないのか？」と言うアキちゃんのお母さんになんと伝えるかを考えて書いてみましょう。

(2)　自分の住んでいる自治体の「巡回相談」の制度について調べ，その内容や保育所への訪問頻度，どういった専門家が巡回相談に関わっているかを調べてまとめましょう。

引用・参考文献

・汐見稔幸・無藤隆監修，ミネルヴァ書房編集部編（2018）「保育所保育指針解説とポイント」『〈平成30年施行〉保育所保育指針　幼稚園教育要領　幼保連携型認定こども園教育・保育要領　解説とポイント』ミネルヴァ書房。
・中央法規出版編集部（2016）『改正児童福祉法・児童虐待防止法のポイント（平成29年4月完全施行）　新旧対応表・改正後条文』中央法規出版。
・徳永聖子（2021）「保育相談支援の技術」橋本真紀・鶴宏史編著（2021）『よくわかる子ども家庭支援論』ミネルヴァ書房，54〜55頁。

・橋本真紀（2011）「保育相談支援の展開」柏女霊峰・橋本真紀編著『保育相談支援』ミネルヴァ書房，48～56頁。
・橋本真紀・鶴宏史編著（2021）『よくわかる子ども家庭支援論』ミネルヴァ書房。

〈ウェブサイト〉

・こども家庭庁「令和4年度 児童相談所における児童虐待相談対応件数（速報値）」（https://www.cfa.go.jp/assets/contents/node/basic_page/field_ref_resources/a176de99-390e-4065-a7fb-fe569ab2450c/12d7a89f/20230401_policies_jidougyakutai_19.pdf　2023年11月13日アクセス）。

第3章
保育の専門性を活かした子ども家庭支援とその意義

【本章のポイント】
〇保育士・保育所の特徴について，多職種・他機関との比較から考えます。
〇「養護」の視点から，子育て支援は子どもの心身を守る意義があります。
〇「教育」の視点から，保護者の子ども理解や関わりを支えることが大切です。

1 保育の専門性を活かした子ども家庭支援に向けて

1．地域・多職種連携の中での子ども家庭支援

　子どもの育ちに関わる大人は，保護者と保育士だけではありません。様々な職種や立場の人が関わっています。身近なところでは，祖父母や近所の人，スーパーの店員や習い事の先生等がいます。保育所内には保育士だけでなく，看護師や管理栄養士といった専門職がいる場合もあります。園外から園医でもある医師が保育所を訪れて健康診断をしてくれることもあります。市の保健センターの保健師や心理士と連携して発達につまずきのある子どもの支援を話し合うことも珍しくはありませんし，卒園する子どもたちについて小学校の先生と情報共有を行うことも大切です。今挙げたのはほんの一例で，実際にはもっと様々な人々が子どもの育ちに関わっているはずです。

　また保育所は，同じ地域の中にあるいろいろな機関ともつながりをもっています。発達の遅れがある場合は，保健センターや児童発達支援センターと連携し，虐待の疑いがあれば児童相談所に通告をします。地域の小学校の生徒や老人ホームの利用者との交流の機会をもつ保育所もあることでしょう。

　以上のように，保育士は様々な立場の人や地域の機関と協力しながら，子どもたちの育ちを支えていきます。保育所保育指針の第1章1の「(1)保育所の役割」の中でも「ウ　保育所は，入所する子どもを保育するとともに，家庭や地域の様々な社会資源との連携を図りながら，入所する

▷1　多職種連携
「たしょくしゅれんけい」
と読み，対人援助を行う際
に，多くの職種での連携を
行うこと。他の職種と連携
するという意味で「他職種
連携」と書くこともあるが，
必要に応じて様々な職種や
機関が連携することが望ま
しいため，「多職種連携」
という表現を筆者は用いて
いる。

子どもの保護者に対する支援及び地域の子育て家庭に対する支援等を行う役割を担うものである」（厚生労働省，2017。下線は筆者）と書かれています。このように様々な専門職が協力することは，**多職種連携**と呼ばれ，子ども家庭支援を行ううえでも不可欠な考え方です。特に，虐待のように，支援する側も大きく心が揺さぶられる難しい家庭ほど，保育所だけで支援しようとせず，地域の中で多職種連携を行って支えていくことが大切です。これは子どもと家庭を支援するという意味だけでなく，保育士自身が支えられることにもつながります。

2．保育の専門性

　前項では子ども家庭支援を行ううえで，多職種連携が日常的に行われていることをみてきましたが，そもそもなぜ多職種連携を行うのでしょうか。その理由の一つは，それぞれの職種や機関でできることや得意なことが違うからです。それぞれの専門性や強みを活かし，苦手なことを補い合う多職種連携を行うことで，より手厚い子ども家庭支援を行うことができるようになります。効果的な多職種連携を行うために，まずは「保育の専門性」について考えておきましょう。ここでは保育所保育指針と保育士養成のカリキュラムをみていきます。

　まず，保育所保育指針における保育の定義は「養護及び教育を一体的に行う」（第1章の1の(1)イ）となっています。この「養護及び教育を一体的に行う」ということが，保育の最も基本的な専門性といえます。このうち，保育における養護については，「子どもの生命の保持及び情緒の安定を図るために保育士等が行う援助や関わり」（第1章の2の(1)）と説明されています。つまり，養護とは日々子どもたちの心と身体の安心・安全を守ることです。

　一方，「保育の内容」について書かれた保育所保育指針の第2章の冒頭には，保育における教育について「子どもが健やかに成長し，その活動がより豊かに展開されるための発達の援助」だと説明されています。この部分について「保育所保育指針解説」を読むと，「保育士等が一方的に働きかけるのではなく，子どもの意欲や主体性に基づく自発的な活動としての生活と遊びを通して，様々な学びが積み重ねられていくことが重要である」（厚生労働省，2018：99）と指摘されています。つまり，保育における教育は，いわゆるお勉強をすることではなく，日々の生活や遊びの中での子どもたち自身の学びが重要なのです。この「様々な学び」について，より具体的には「健康」「人間関係」「環境」「言葉」「表現」という5領域に分けて，保育の「ねらい」や「内容」が説明されて

いますが，生活や遊びを通した幅広い教育を行うことが保育における教育の専門性です。さらに，乳児（0歳），1歳以上3歳未満児，3歳以上児の年齢ごとに分けて書かれており，発達段階を踏まえた関わりをすることも乳幼児と関わる専門家としての特徴です。

　ところで，保育士になるためには様々な科目の学習が必要です。子ども家庭支援などの福祉系科目だけでなく，5領域の指導法，教育学，心理学，障害・特別支援教育，保健や栄養など幅広い科目について学んでいると思います。これらのことから，保育士は子どもに関する幅広い内容について学んでいることも一つの専門性だといえそうです。もちろん，それぞれの科目について福祉なら社会福祉士，心理学なら臨床心理士といったように，より特化した専門職がいます。その中で保育士は，子どもにまつわる幅広い知識をもっているからこそ，多職種連携を行う際には，支援の入り口として保護者と話し，必要な専門職につないでいく役割を担うことができます。

3．多職種の中で保育の専門性を考える

　多職種連携の中で効果的な子ども家庭支援を行うためには，自分自身の保育の専門性を自覚することに加えて，連携・協働を行う多職種との専門性の違いを考えておくことも大切です。専門性の違いがわかっていれば，連携・協働の中での役割分担がスムーズになります。また，比べることで，保育の専門性もよりはっきりと自覚することができます。

　ここでは筆者が行った研究（原口・大谷，2018）を取り上げ，心理専門職と保育士の専門性を比べてみましょう。この研究では，保育士にインタビュー調査を行い，普段連携している心理専門職について，どのように捉えているかを尋ねました。その中で，保育士からみた心理専門職との違いを尋ねたところ，同じように「子どもに関わる専門家」ではあるものの，保育士が「日常的に，集団の中で，園児と共に過ごす」のに対して，心理専門職は「非日常的な存在として，客観的観察を通して，個別的に園児をみる」という違いを感じていることがわかりました。この比較からは，保育士が集団の中での子どもをみていることや一緒に過ごしていることも，保育の専門性が反映された特徴であることがみえてきます。

　子どもに関わる専門家は，この章の最初にみたように様々な職種がありますが，その違いを考えておくことで，お互いの専門性や特徴がよりはっきりし，それぞれの強みを活かした多職種連携を行うことにもつながってきます。ぜひ，これからいろいろな専門職と出会う中で，ご自身

の保育の専門性と同じことや違うことを考えていってほしいと思います。

4．保育所の強みと子ども家庭支援

　保育所という場のもつ強みや特徴についても考えておきましょう。

　まず，大きな強みといえるのが，保育所には保育士がたくさんいることです。そんな当たり前のことが？と思った人もいるかもしれません。しかし，保育士という子どもに関する幅広い知識と経験をもつ専門家が一つの保育所の中に何人もいるということは，それだけでもすごいことだと思いませんか。保護者視点からみると，身近なところに子育てについて相談できる専門家がたくさんいるということは，心強いことでしょう。

　さらに，保育所は多くの子どもが日々通う場所であるというのも特徴です。たとえば，病院や保健センターに毎日のように通う家庭は多くはないと思います。一方，保育所は，子どもたちが毎日のように通う，より日常生活に近い場所です。そのため，日々の成長や健康状態を細やかにチェックすることもできます。

　また，保育所が地域の中にあるという特徴も，うまく活かしたいところです。地域の様々な人や機関とつながり，多職種連携や様々な交流を行っていくことで，子どもたちの成長や効果的な子ども家庭支援を行うことができます。

2　養護の視点から

　本節と第3節では，実際に保育の専門性を活かした子ども家庭支援として，どのようなことができるかを考えていきます。まずは，保育における「養護」という専門性を取り上げます。

1．保育所保育指針における「養護」

保育における養護の定義を改めて確認しておきましょう。

> 　保育における養護とは，子どもの生命の保持及び情緒の安定を図るために保育士等が行う援助や関わり
>
> 　　　　　　　　　　　　（保育所保育指針　第1章の2の(1)養護の理念）

　「子どもの生命の保持及び情緒の安定」に関連する内容として，保育所保育指針第3章の「健康及び安全」があります。この第3章について

「保育所保育指針解説」（厚生労働省，2018：303）を読むと，「保育は，子どもの健康と安全を欠いては成立しないこと」を保育所の全職員が認識することが必要であると指摘されています。このような子どもの心身を守る「養護」の観点から，子ども家庭支援について考えていきます。

2．子どもの健康支援

保育における養護について保育所保育指針では，「子どもの生命の保持及び情緒の安定を図るために保育士等が行う援助や関わり」と書かれていましたが，子どもの生命の保持や情緒の安定を図るためには，保育士が保育中に気をつければよいだけでなく，家庭での子どもへの関わりも大切であることはいうまでもありません。また，保育において「健康と安全」が重要であることについても，子どもが安心・安全に過ごすためだけでなく，保護者からすれば，安心して子どもを預けられることにもつながります。

もう少し詳しくみていくと，保育所保育指針第3章健康及び安全の中で，「子どもの健康支援」について以下のように書かれています。

1　子どもの健康支援
(1)　子どもの健康状態並びに発育及び発達状態の把握
　ア　子どもの心身の状態に応じて保育するために，子どもの健康状態並びに発育及び発達状態について，定期的・継続的に，また，必要に応じて随時，把握すること。
　イ　保護者からの情報とともに，登所時及び保育中を通じて子どもの状態を観察し，何らかの疾病が疑われる状態や傷害が認められた場合には，保護者に連絡するとともに，嘱託医と相談するなど適切な対応を図ること。看護師等が配置されている場合には，その専門性を生かした対応を図ること。

アについては，子どもの心身の健康（≒生命の保持及び情緒の安定）に応じた保育のために，子どもの健康や発育・発達の状況を細やかに把握するように書いてあります。その際，イの冒頭に「保護者からの情報とともに」とあるように，保護者が意識するだけでなく，家庭と連携して保育中に健康や発達の状態を把握することも必要です。なお，このような情報のやり取りは，保護者自身が子どもの健康状態や発達に目を向ける機会にもなります。

3．不適切な養育に気づく

　保育所保育指針の「子どもの健康支援」については，続いて虐待や不適切な養育についても触れられています。

> ウ　子どもの心身の状態等を観察し，不適切な養育の兆候が見られる場合には，市町村や関係機関と連携し，児童福祉法第25条に基づき，適切な対応を図ること。また，虐待が疑われる場合には，速やかに市町村又は児童相談所に通告し，適切な対応を図ること。

　虐待や不適切な養育が行われている場合は早期発見し，できる限り子どもを守る対応が望まれます。そのためには，保育士が養護の専門性をもって子どもたちと日常的に関わることができるという特性を活かし，きめ細やかに心身の状態をチェックする必要があります。その際，遊びの中でできたのとは違うようなケガがあるといった身体面，子どもの気持ちの大きな揺れや笑顔がなくなっているなどの心理面，服が洗濯されていない・持ち物が用意されないなどの子育て状況など，多角的な視点が有効です。

　そして，虐待があったようだと判断される場合は，児童相談所等に**通告する義務**があります。通告するか否かの基準は「虐待があったかどうか」ではありません。保育士が虐待の疑いをもつのは，直接的に子どもを虐待しているのを目撃するというよりも，先述のような子どもの様子から判断することが多いと思います。**児童虐待の防止等に関する法律**第6条では「虐待を受けたと思われる児童を発見した者は」（下線は筆者）と書かれており，虐待を実際に見ていなくても，様々な状況を踏まえて子どもが虐待を受けたであろうと判断した場合は通告しなければなりません。

　もちろん，虐待が起きてから対応するのではなく，日頃から子どもや家庭の状況を把握し，虐待が起こる前に予防的な援助を行うほうが望ましいです。送迎時などの保護者の様子も気にかけて，早めにサポートできるように心掛けましょう。なお，虐待については第14章に詳しく書いてあるので，しっかり読むようにしてください。

▷2　通告する義務
児童虐待の文脈における「通告」とは，虐待を受けたと思われる子どもを発見したことを，児童相談所等に伝えることを指す。虐待の通告は国民全員の「義務」である。

▷3　いわゆる「児童虐待防止法」。第6章注▷7も参照。

3 教育の観点から──子育て支援

1．日々関わる身近なプロとして

　保育における教育は「子どもが健やかに成長し，その活動がより豊かに展開されるための発達の援助」のことでした。養護と同様に，この保育における教育がより効果的に機能するためには，家庭を支え，保育所と家庭とが同じ方向を向いて子どもに関わることが大切です。教育の視点からは，保護者の子育てにおける疑問を解消し，より発達促進的な関わりを促す子育て支援が重要になります。

　繰り返しになりますが，保育士は乳幼児を育てている多くの保護者にとって最も身近で日常的に関わることができる子どもの専門家です。そして，保育士は子どもに関する幅広い知識を有しているという特徴があります。そのため，保育士は，保護者が子どもの発達や子育てで悩んだ時に，真っ先に相談できる相手になりたいものです。

2．子育てを支える

（1）子ども理解を支える

　子どもの育ちを支えるためには，まず子どもについて理解することが大切です。子育てが始まると，それぞれの保護者なりに子どもの育ちについて調べたり，育児本を読んだりすると思いますが，保育士のように専門的な講義を受けたり教科書を読んだりするわけではありません。また，学生時代の実習からたくさんの乳幼児に関わってきた保育士と違って，日常的に乳幼児と関わることも多くありません。特に，現代では地元を離れて核家族だけで生活することも珍しくなく，地域のつながりも希薄になっていることもあって，普段は子どもと関わる機会がまったくない場合もあるでしょう。

　大人と子どもではいろいろな部分で違いがあるのは当然ですが，このように子どもと関わる機会がなかった保護者の場合は，大人と違う子どもの様子を見て，それが正常なものなのか，何か問題があるのかということが判断できずに不安になることもあると思います。たとえば，乳児は大人と比べて体温が高く，心臓の鼓動も早いのですが，大人の感覚だけで考えると何か体調が悪いのかもしれないと心配になってしまうこともあるでしょう。いつも子どもに関わっている保育士にとっては見慣れた当たり前のことでも，保護者にとっては初めてのことである場合も少

なくありません。この保護者と保育士のギャップを忘れずに，保育士は保護者の疑問に答え，安心して子育てができるように支援することが求められます。

子どもの発達について，保護者が理解できるよう促すことも大切です。まずは，何気ない子どもの発達に保護者が気づき，子育ての喜びを感じられるようにしていきたいです。また，子どもの発達に遅れがあったり，発達障害の傾向がみられる場合，自分の子どもしか知らない保護者からすると「普通」の発達だと感じていることがあります。そのため，保育士の立場から，子どもの発達状態について保護者に伝えることも，時には必要になります。保育所の特徴として，地域の中にあるため地域の中の専門機関とつながりをもち連携できるというものがありますが，発達のつまずきがあった場合には，保健センターなどのより詳しく発達について相談したり調べたりできる機関につないでいくことも，保育士ができる子育て支援の一つです。発達のつまずきについて指摘されることは，保護者にはショックが大きく，保育士にとって難しいことではありますが，保護者との関係を大切にしながら，子どもの発達を支えるために連携できるよう，工夫して保護者支援を進めていきましょう。

（2）子どもとの関わりを支える

保護者の子ども理解を支えるだけでなく，保護者が子どもとうまく関われるように促すことも，保育士の大切な子育て支援です。ポイントの一つは，年齢に合った関わりを提案していくことです。子どもとの関わりは年齢によって違いがあります。そのため，その時期における発達を支えるための関わりについて，適切なタイミングで保護者に伝えていくことが求められます。個別に伝えるだけでなく，園からのおたよりとしてクラスのすべての家庭に伝えていくことも有効です。

保護者が前向きに子育てに取り組めるようにサポートしていくという視点も不可欠です。誰でも，子育てがうまくいかず，つらくなることがあるはずです。保育士の立場からは，保護者に共感しつつ，無理なくできる子育ての方法を一緒に考えるなど，保護者に寄り添った関わりを行っていきましょう。保護者の気持ちを受け止め考えつつ，子どもにとってもよい方法を一緒に模索していきます。どうしても保護者が子育てに行き詰まっている場合は，地域の中で保護者支援ができるより専門的な機関を紹介し，保護者をサポートする体制を整えていくという方法もあります。

なお，このような関わりは，虐待の予防にもつながります。たとえば，

しつけというのは大切なことではありますが，子どもが大人の思った通りにできない時に怒鳴って叱りつける方法は不適切ですし，それが極端になっていくと虐待にもつながりかねません。保護者からすると子どものための関わりだと思っていても，不適切な関わりということもありえます。保育士の専門的な目で親子の関わりを見極め，必要に応じて適切な関わりを提案していくことが求められます。

3．地域の家庭への子育て支援

　保育所では，毎日登園している子どもとその保護者だけでなく，地域の子どもや家庭に対しても支援を行います。保育所保育指針の第4章の3では「地域の保護者等に対する子育て支援」について書かれています。具体的には「(1)地域に開かれた子育て支援」として以下の記載があります。

　ア　保育所は，児童福祉法第48条の4の規定に基づき，その行う保育に支障がない限りにおいて，地域の実情や当該保育所の体制等を踏まえ，地域の保護者等に対して，保育所保育の専門性を生かした子育て支援を積極的に行うよう努めること。
　イ　地域の子どもに対する一時預かり事業などの活動を行う際には，一人一人の子どもの心身の状態などを考慮するとともに，日常の保育との関連に配慮するなど，柔軟に活動を展開できるようにすること。

　地域の保護者への子育て支援においても，「保育所保育の専門性を生かした」あり方が求められています。具体的には，子どもの専門家である保育者が保護者の子育て相談を行い，助言を行ったり，子育てに関する講座を開いたりします。また，保育所にある広くて子どもだけのために作られた園庭を活かして園庭開放を行い，地域の親子が保育所の園庭で遊べる機会を作っていることも少なくありません。保育所に通っていない子どもとその家庭は，子育てに関するつながりを作る機会も少なくなりがちなので，子どもの専門家がいて安心して遊ぶことのできる場を保育者が提供することは，大きな意義があります。
　また，イにある一時預かりとして，通常は保育所に通っていない子どもを，特定の日だけ預かる場合もあります。筆者の家庭でも，娘がまだ保育所に通っていない時に，実際に保育所の一時預かりを利用しました。当時，筆者と育休中の妻と娘の3人暮らしでしたが，日常的に娘を預け

ることができる場所はありませんでした。そこで、何か緊急の出来事があって娘を預けなければならない時に備え、地域の保育所の一時預かりに登録しておきました。保育所であれば、安全に配慮された場所でプロに関わってもらえるため、保護者としても安心して預けることができます。実際は、妻が歯医者に通う時に利用したくらいでしたが、祖父母などがすぐ近くに住んでいない筆者の家庭にとっては一時預かりはとても助かるものでした。なお、一時預かりは、必ずしも用事がある必要はなく、子育ての疲れをリフレッシュする目的でも利用することができるものです。

◆演習問題

　第1節を参考に、以下の問いに答えて、保育の専門性について考えてみましょう。
(1)　保育士と身近な大人や他職種を比べて、同じところと違うところを考えてみましょう。（例：両親、祖父母、習い事の先生、小学校の先生、小児科の医師）
(2)　保育所と地域のその他の機関を比べて、同じところと違うところを考えてみましょう。（例：祖父母の家、公園、保健センター、児童相談所）

引用・参考文献
・原口喜充・大谷多加志（2018）「保育者からみた心理専門職との協働——経験年数による変化と関係性に着目して」『保育学研究』第56巻、414〜424頁。
〈ウェブサイト〉
・厚生労働省（2017）「保育所保育指針」（https://www.mhlw.go.jp/file/06-Seisakujouhou-11900000-Koyoukintoujidoukateikyoku/0000160000.pdf　2023年11月13日アクセス）。
・厚生労働省（2018）「保育所保育指針解説」（https://www.mhlw.go.jp/file/06-Seisakujouhou-11900000-Koyoukintoujidoukateikyoku/0000202211.pdf　2023年11月13日アクセス）。
・「児童虐待の防止等に関する法律」（平成十二年法律第八十二号）e-Gov 法令検索（https://elaws.e-gov.go.jp/　2023年11月13日アクセス）。この法律のほか、法令の検索には、上記のポータルサイト e-Gov 法令検索が役立つ。

第4章
子どもの育ちの喜びの共有

【本章のポイント】
○子どもの育ちの喜びを共有することがなぜ必要なのかを学びます。
○保育所保育指針から，家庭と連携する意義について考えを深めます。
○子どもの育ちの喜びを共有する具体的な方法を学ぶことで，共有することの重要性を理解します。

1　子どもの育ちを共有する喜び

1．保育者としての喜び

　保育者が喜びを感じるのは，どのような瞬間でしょうか。実習経験があったり，実際に保育者として働いている方は，自分自身がいつ保育者としての喜びを感じているか振り返ってから読み進めてください。

　さて，ここでは筆者が行ったインタビュー調査から，2人の保育者の声をみてみましょう。このインタビュー調査は，**キンダーカウンセラー**^{▷1}として幼稚園に関わっている筆者が，保育者の日々感じていることを知りたいと思って実施しました。インタビューを行った幼稚園では，運動会のマーチングなど行事ごとの出し物に見ごたえがあります。そのため，保育者も運動会などの行事に向かって練習を積み重ね，子どもたちが「できるようになる」ことに充実感を感じているのだろうかと予想していました。しかし，実際は少し違っていました。

　たしかに，子どもが何かをできるようになるというのは嬉しいものです。しかし，保育者にとっては行事当日までに完成させなければいけないという焦りにもつながり，保育者が必死になるあまり「やらせてしまっている」保育になってしまう場合もあります。これは，子どもにとっても保育者にとっても苦しいものです。ある保育者は次のように語っています。

▷1　**キンダーカウンセラー**
小・中学校などにおけるスクールカウンセラーのように，幼稚園において活動する臨床心理士のこと。主に保育場面の子どもたちの様子を見て，保育者や保護者の相談に応じる。

ゆうて1か月くらいしかないんで，準備するのにも。それで踊り
　を覚えさせて，やらせてみたいな。で，やっぱりこう，暑さもあっ
　て，なかなか，子どもたちがうまくこう集中してできない，ってい
　うのでイライラして，進めてたかなーっていうのがあるんで。うー
　ん。うーん。

　　　　　　　　　　　　　　　　　　　　　　　　　　　（原口，2016：50）

　このような保育を行っていると，保育者は自分のことを「だめな先
生」だと思って落ち込んでしまいます。一方，少しうまくいくように
なったり，保育者がほめることを増やして，子どものポジティブな面に
着目していくと様子が変わってきます。子どもの頑張りや成長に目が向
くようになると，保育者は楽しくなり，子どもたちも楽しみ始めます。
先ほどの語りと同じように踊りの練習をしている時のことを語った，別
の保育者の語りをみてみましょう。

　　まあ，教えてて，ちょっとずつなんか楽しんでるようになってき
　たので。子どもたちも。踊るのとか。話の流れがわかってきてたり
　とか，どういう話なんだっていうのもわかりながら演じてるのもだ
　んだんわかってきたので，すごい楽しかったんですけど。

　　　　　　　　　　　　　　　　　　　　（原口，2016：47，下線は筆者）

　筆者はこのインタビュー調査から，「保育者にとっては，保育を進め
る中で何かがうまくいっている時よりも，『平和』な状態で園児と保育
者の"『楽しい』が一致"して保育を進めていけることが重要である」
と考えました。保育者と園児の「楽しいが一致」した状態では，保育者
は「できる・できない」にとらわれることなく園児の頑張りを実感しや
すく，一緒に遊ぶ中で幸せを感じやすいようでした。保育者の語りから
は，園児の成長にもつながっていることがわかります。
　このように，保育者にとって子どもと楽しく関わり合いながら育ちを
実感することは，かけがえのない喜びです。ちなみに，筆者はカウンセ
ラーとして保育者と話すことが多いのですが，保育者から園児への関わ
りについて相談を受けるのではなく，園児の成長を嬉しそうに話してく
れることも少なくありません。子どもの育ちを自分一人で実感するだけ
でなく，誰かと育ちの喜びを共有できることは，保育者にとっても幸せ
なことなのだと感じています。

2．保育所保育指針にみる子どもの姿の共有

まず保育者にとっての子どもの育ちの喜び，共有する喜びについて考えましたが，保育者の「子育て支援」として共有したい相手は保護者です。保育所保育指針の中で「子育て支援」について書かれた第4章の中から，以下の部分をみてみましょう。

> イ　保育及び子育てに関する知識や技術など，保育士等の専門性や，子どもが常に存在する環境など，保育所の特性を生かし，<u>保護者が子どもの成長に気付き子育ての喜びを感じられるように努める</u>こと。　　（保育所保育指針　第4章の1の(1)保育所の特性を生かした子育て支援，下線は筆者）

ここでは「保護者が子どもの成長に気付き子育ての喜びを感じられるように」保育者が働きかける必要性が述べられています。また，こども家庭庁の発足とともに2023（令和5）年4月1日に施行されたこども基本法には「こども施策」を行ううえでの6つの基本理念が掲げられていますが，その中の一つに「家庭や子育てに夢を持ち，子育てに伴う喜びを実感できる社会環境を整備すること」（第3条の6）とあります。

以上のことから，保護者が子どもの成長に気づき，子育ての喜びを感じられるように援助することが，保育や子どもの支援を考えるうえでも必要不可欠であることがわかります。そして，「保護者が子どもの成長に気付き子育ての喜びを感じられるように努める」ことは，保育者の重要な役割なのです。

3．子育ての実感

ここで立ち止まって考えてみると，「保護者が子どもの成長に気付き子育ての喜びを感じる」ことに援助など必要ないのではないかという疑問が浮かんできます。わが子は特別かわいいでしょうし，かわいいわが子の成長は嬉しいに決まっています。たしかに，本来多くの親にとって自分の子どもはかわいいでしょうし，成長は嬉しいはずなのですが，そのように「感じる」ことが難しくなってしまうことも決してまれではありません。

保育所には「保育を必要とする」子どもが通っています。「保育を必要とする」事情として最も多いのは，保護者が仕事をしているため，昼間に子どもと一緒に過ごすことが難しいというものです。そうすると，

平日は仕事に行く前に子どもを保育所に預け，仕事を終えてから夕方の5時や6時に迎えに行くというような生活になります。家に帰ってからは夕食を食べて，お風呂に入って……としているとすぐに寝る時間になります。朝起きてからも，ゆっくり親子で遊ぶ時間を取ることはかなり難しいことでしょう。

　このような慌ただしい生活の中では，保護者が子どもの成長に気づくチャンスがどうしても少なくなります。また仕事で疲れが溜まっていると，子どもの成長の喜びや一緒に遊ぶ楽しさよりも，子育ての大変さばかり感じるようになることもあるでしょう。そのため，保育者が気づいた子どもの成長を上手に保護者と共有し，保護者が子どもの成長の喜びを実感して，前向きに子育てに臨めるような支援が必要となるのです。

2　子どもの育ちのための共有

1．保護者と連携して育ちを支える

　子どもの育ちを共有することの意義について，子どもの育ちの面から考えてみましょう。保育所保育指針の第4章の冒頭には，以下のように書かれています。

　保育所における保護者に対する子育て支援は，全ての子どもの健やかな育ちを実現することができるよう，第1章及び第2章等の関連する事項を踏まえ，子どもの育ちを家庭と連携して支援していくとともに，保護者及び地域が有する子育てを自ら実践する力の向上に資するよう，次の事項に留意するものとする。　　（下線は筆者）

　ここでは「子どもの育ちを家庭と連携して支援していく」とあるように，子どもの育ちにとって保育と家庭での生活とは両輪であり，それぞれバラバラのことをやるのではなく「連携」が必要だということが書いてあります。

　たとえば，「子どもがお箸を使えるようになる」ことを例に考えてみましょう。保育者はこぼしてもよいと積極的に箸を使うように促したとしても，家では汚すと大変だから使い慣れたスプーンやフォークを使わせていると，子どもは混乱してしまいます。子どもの成長につながらないですし，保育者は家庭で同じようにやってくれないことにいらだつかもしれません。これでは「連携」といえません。

　上手に家庭と連携していくためには，保護者の立場にたって考えてみることも必要です。先ほどのお箸の例で考えてみると，専門家である保育者にとっては今お箸の練習を始めることは当たり前に思えるでしょうが，保護者にとっては「こぼすということは，まだ早い」と考えているのかもしれません。また，保護者も本当は子どもに家でもお箸を使わせてあげたいけれど，仕事が忙しくてお箸の練習に付き合う時間が取れなかったり，教え方がわからずに困っていたりするのかもしれません。

　保育者は専門家として，子どもの発達過程やそのための具体的な関わり方を保護者に伝えるとともに，家庭の状況に合わせ現実的に可能な方法を一緒に考えることが大切です。「毎食お箸を使わせてください！」とだけ言われて困っていた保護者も，「最初の 5 分だけは，お箸で食べるよう頑張ってみませんか？」と提案すると，取り組んでみようという気がしてきます。その結果，きっと子どもの成長にもつながるはずです。

2．家庭と保育所との連続性

　保育所保育指針の第 4 章には，以下のような項目もあります。

2　保育所を利用している保護者に対する子育て支援
　(1)　保護者との相互理解
　　ア　日常の保育に関連した様々な機会を活用し子どもの日々の
　　　　様子の伝達や収集，保育所保育の意図の説明などを通じて，
　　　　保護者との相互理解を図るよう努めること。
　　イ　保育の活動に対する保護者の積極的な参加は，保護者の子
　　　　育てを自ら実践する力の向上に寄与することから，これを促
　　　　すこと。
　　　　　　　　　　　　　　　　　　　　　　　　（下線は筆者）

　まず，「ア」のほうからみていきます。ここでは，子どもの日々の様子について，「保護者との相互理解を図る」，すなわち子どもの様子について情報共有をしながら，保育者と保護者とが一緒に理解を深めていく必要性が述べられています。具体的な方法として「伝達」「収集」「保育所保育の意図の説明」の 3 つが挙げられています。保護者との相互理解を深める保育者の立場から考えると，「伝達」とは，子どもの様子を伝えること，「収集」とは，逆に保護者から子どもの様子について教えてもらうことだと理解することができます。たとえば，登園時に保護者から昨晩の様子や今日の体調などを尋ねることは，情報の「収集」です。お迎えに来た保護者には，その日の子どもの様子を「伝達」することが

伝達　今日はこんな様子でしたよ

保育園

収集　今日の体調は？
夜は何かあった？

図4-1　家庭と保育所との連続性のための収集・伝達

出典：筆者作成。

できます（図4-1）。送迎時にいつもゆっくり話せるわけではないでしょうが，保護者との貴重な接点を大切にして，保護者との相互理解を深めていきたいところです。

　また，「保育所保育の意図の説明」については，たとえば保育者は子どもの育ちを考えて様々なねらいをもって「遊び」を行いますが，外から見るだけでは「楽しく遊んでいる」ようにしか見えないかもしれません。そこで，保育者のねらいや意図を保護者に説明し，保護者に子どもの育ちや必要な関わりが見えるように促すことも必要になります。

3．保護者の力を引き出す支援

　次に「イ」についてみていきます。まずは「保護者の子育てを自ら実践する力」という表現がありますが，これは子育て支援において大切な視点です。「子育て支援」というと，保育者が支援をする側で保護者は支援をされる側のように聞こえますが，実際に子育てをするのは保護者なので，保育者が「してあげる」のではなく，保護者自身の子育ての力を引き出し，活性化させる視点が必要です。このような考え方を**エンパワメント**といいます。その際には，保護者の強みに着目する**ストレングス視点**も大切です。

　そして，そのために「保育の活動に対する保護者の積極的な参加」を促すように書いてあります。ある保育所の取り組みをみてみましょう。福岡県飯塚市にある常葉保育園では，5歳児クラスの保育参観で，親子で協力して縄跳びを作りました。その翌日から，子どもたちは作った縄跳びを実際に使って嬉しそうに遊びました。保護者は一緒に作った縄跳びが気になって，子どもが家に帰ってきてから「あの縄跳び使った？」と質問します。つまり，保育参観で親子で作った縄跳びが，保育参観以降も，保護者が保育所での様子に興味をもち子どもと会話を深めるきっかけになっているのです。常葉保育園ではほかにも，親が作ったマイ竹

▷2　エンパワメント
英語では "empowerment" と書く。"em-" は「～にする」，"power" は「力」を意味し，「力のある状態にすること」を指す。

▷3　ストレングス視点
「ストレングス（strength）」とは「強み」という意味であり，支援を受ける人が抱える問題や病気ばかりに着目するのではなく，強みに着目した考え方。保護者支援においても，保護者の強みやよいところを見つけ，支援に活かしていきたい。

写真4-1　手作りの縄跳びと竹馬

出典：筆者撮影。

馬を使って子どもが遊ぶなど，自然と親子の関わりが深まるような取り組みを行っています（写真4-1）。実に見事な仕掛けです。

3　子どもの育ちを共有する方法

1．行事への参加

　子どもの育ちを共有する場として代表的なものが，入園式（入学式）や運動会，発表会などの行事です。表4-1は，福岡県飯塚市にある近畿大学九州短期大学附属幼稚園で行われている主な年間行事をまとめたものです。

　保育参観は子どもが園でどのような生活を送っているかを見るとともに，保護者と保育者，また保護者同士が交流を深める場ともなります。一方，運動会や生活発表会に目を向けると，子どもは本番に向けて保育者と一緒にたくさんのことを練習します。運動会や生活発表会は，子ど

表4-1　主な年間行事

月	内　容
4月	入学式，遠足
5月	芋苗植え，保育参観 4・5月生まれ誕生日会
7月	きんだいっこ夏祭り，プール遊び，宿泊保育 6・7・8月生まれ誕生日会
8月	夏休み
10月	運動会，保育参観，園外保育，芋掘り 9・10月生まれ誕生日会
11月	もちつき 11・12月生まれ誕生日
12月	生活発表会
2月	まめまき，なわとび大会，保育参観 1・2・3月生まれ誕生日
3月	卒業式，ひな祭り集会，お別れ遠足，同窓会

出典：近畿大学九州短期大学附属幼稚園。

もが練習した成果を見ることで保護者が子どもの成長を感じることができる，とても貴重な場といえます。

入園（入学）して卒園（卒業）するまで，行事などを通じて子どもは大きく成長していきますが，これらの日々はあっという間に過ぎていきます。子どもが日々どのような生活を送っているかを知ることは，子どもの育ちの喜びを実感するうえで非常に大切なこととなります。

２．日常生活での様子

子どもは，一日の中でも保育所や幼稚園で様々な経験をします。たとえば，先ほど紹介した近畿大学九州短期大学附属幼稚園の一日のタイムスケジュールをみると，表4-2の通りとなっています。

前述の通り，特に登園あるいは降園の時間は，保護者と保育者が直接会話をすることで，子どもに関する情報の「収集」「伝達」を行うことができます。

それ以外に，日常生活での子どもの様子を共有する方法として連絡帳があります。保護者は主に子どもの体調や家庭での様子あるいは保育者に相談したいことなどを連絡帳に書きます。一方，保育者はその日の園での出来事や様子，保護者からの相談に対する返事などを書きます。連絡帳は子どもが健やかに育つために保護者と保育者をつなぐツールの一つといえます。

また最近ではICT（Information and Communication Technology：情報通信技術）を活用して子どもの様子を共有する園が増えてきています。このような保育所・幼稚園向けのICTシステムの一例として，CoDMON（コドモン）というICTシステムがあります。コドモンは株式会社コド

表4-2 幼稚園の一日

時　間	内　容
9：00	登　園
	自由あそび
10：00	朝のはじまり
10：30	活動（午前）
	表現遊び・造形活動・リズム遊びなど
12：00	お昼ご飯
13：00	活動（午後）
	絵本や紙芝居の読み聞かせなど
14：00	降　園
	自由あそび
15：00（～18：00）	預かり保育

出典：近畿大学九州短期大学附属幼稚園。

モンが提供している子ども施設向け業務支援システムであり，2015年のサービス開始以降，全国の保育所，幼稚園で導入されています。コドモンで利用可能な機能として，連絡帳のみならず登園・降園や出欠，お迎えの管理，動画，お知らせの配信などがあります。具体的な活用について，たとえば連絡帳はアプリを介して保護者とのやり取りを行うことができ，写真や動画で施設での園児の様子を伝えることもできます。安定的な稼働など課題はありますが，保育者の業務負担を軽減し，かつ効率的に保護者と子どもの様子を共有するICTシステムの需要が，今後ますます増えていくかもしれません。

3．子どもとの会話

　ところで，子どもと保護者は普段どれくらい会話をしているでしょうか。学研教育総合研究所が2022年9月に4〜6歳の子どもがいる保護者を対象に行った調査によると，親子で会話する時間は1週間で平均3時間11分という結果でした。詳細をみると，1週間で「5時間以上会話する」と回答した保護者が35.4％いる一方で，「30分から1時間未満」「30分未満」と回答した保護者が計18.2％いました（図4-2）。

　前述の通り，「保育を必要とする」事情としては，保護者が仕事をしており昼間に子どもと一緒に過ごすことが難しいという場合が多いです。図4-2の結果をみると，普段の生活の中で子どもと話す時間をとることが難しい現状がみて取れます。

　そこで重要となるのが保育者の関わり方です。もちろん，子どもの育ちの喜びを実感するために保護者としてもできる限り行事に参加する，家庭で子どもと会話をすることが望まれます。そのうえで，保育者が登

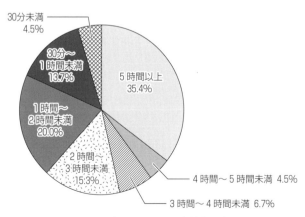

図4-2　親子で1週間に会話する時間

出典：学研教育総合研究所（2022）「幼児の日常生活・学習に関する調査」
　　　（幼児白書Web版）をもとに筆者作成。

園・降園の際に子どものことについて保護者と会話をする，あるいは連絡帳やICTシステムを活用することで子どもの育ちを共有する，これらが子どもの健やかな成長にもつながっていくはずです。

◆演習問題

(1) 以下の事例について，あなたが担任保育士ならどのように対応するか考えてみましょう。

【事例】 2歳児クラスの担任をしています。家庭と連携してトイレトレーニングに挑戦していたある園児が，人生初めてのトイレでの排泄を保育中に成功しました。保護者と「子どもの育ちの喜び」を共有するために，どのような対応をするとよいでしょうか。

(2) 二人組で保育士役と保護者役に分かれ，(1)で考えた対応を実際に行ってみましょう。保護者役はどう感じたかを伝え，どのように対応すればよいか話し合ってください。

引用・参考文献
・原口喜充（2016）「日々の保育における担任保育者の保育体験――保育者の主観的体験に注目して」『保育学研究』第54巻，42〜53頁。
・原口喜充編著（2023）『実践に活かす保育の心理学』ミネルヴァ書房。
〈ウェブサイト〉
・学研教育総合研究所（2022）『幼児白書 Web 版』「幼児の日常生活・学習に関する調査」2022年9月調査（https://www.gakken.jp/kyouikusouken/whitepaper/k202209/chapter9/06.html　2023年7月14日アクセス）。
・厚生労働省（2017）「保育所保育指針」（https://www.mhlw.go.jp/file/06-Seisakujouhou-11900000-Koyoukintoujidoukateikyoku/0000160000.pdf 2023年11月13日アクセス）。
・「こども基本法」（令和四年法律第七十七号）（https://elaws.e-gov.go.jp/document?lawid=504AC1000000077　2023年11月13日アクセス）。この法律のほか，法令の検索には，ポータルサイト e-Gov 法令検索（https://elaws.e-gov.go.jp/）が役立つ。

第5章
保護者および地域が有する子育てを自ら実践する力の向上に資する支援

【本章のポイント】
○現代の子育て家庭をとりまく社会状況を理解しましょう。
○子育て家庭の保護者の心理について理解しましょう。
○保護者の養育力を向上するための保育士等の支援について理解しましょう。
○地域の子育て家庭を支援するための保育所の役割の実際について理解しましょう。

1 保護者の養育能力向上につながる支援

1. 保護者と協力関係を築くために

　厚生労働省（2023）の発表によると，2022（令和4）年の**合計特殊出生率**は1.26となり，過去最低となりました。出生数も戦後初めて80万人を下回り，77万747人となりました。日本社会にとって少子化の問題への取り組みは急務となっており，2023（令和5）年度に岸田内閣は「次元の異なる少子化対策」の実現に向け，子育て世帯の経済負担軽減や幼児教育・保育の質の向上等の施策を本格的に検討しています。また，2020（令和2）年から全世界に感染が急拡大した新型コロナウイルス感染症は2023（令和5）年5月8日より5類感染症に移行し，様々な制限が緩和されつつあります。新型コロナウイルス感染症流行下においては，子育て世帯の保護者は経済的不安や精神的不安を強く感じており，園田ら（2023）が2021（令和3）年に幼児を育てている家庭の親に対して行った調査では，親が受けている育児支援に関して，医療従事者や親しい友人からのサポートが，感染流行前と比べて10％減少したことが明らかになっています。今後社会が人々が対面で交流する機会を回復することが期待されますし，人と人との心のつながりも回復していくことが望まれます。

　こうした社会状況の中，子育て世帯の保護者の育児に関する不安はますます強くなっていることが懸念されます。特に現代社会においては，

▷1　合計特殊出生率
第1章注▷1を参照。

少子化の影響によりきょうだいの数が少ない，またはきょうだいのいない子育て家庭が増えています。きょうだい関係は家庭の中でいわば「ナナメの関係」であり，子どもはきょうだい関係を通して，折り合いをつけたり，がまんしたり，他者をいたわったりする経験を重ねていきます。

　きょうだいの数が少ない，またはきょうだいがいない子どもはそうした経験を家庭の中でする機会がないため，保育所における集団での生活は，子どもが異年齢の集団の中で様々な経験ができる貴重な機会です。保護者にとっても，子どもが保育所で家庭では経験できない「ナナメの関係」を経験する中で成長していく姿を見ることは，新たな子どもの一面を発見する貴重な機会になることでしょう。保育者は保護者に子どもの園での姿を丁寧に伝えていきながら，保護者が子育ての喜びを感じられるよう支援していくことが必要です。

　ここで，仮想の事例をもとに，保護者と保育者が協力関係を築くことについて考えてみましょう。

【事例 5-1】 おにいちゃんになったヒカル君

　ヒカル君は保育園の 4 歳児クラス（年中組）です。一人っ子のヒカル君は，朝保育園に来るとき，お母さんから離れるのが悲しくていつも泣いています。担任のサキ先生は，朝ヒカル君が泣かずにお母さんから離れられるようになれば，園の生活を気持ちよく始めることができるので，何かいい方法がないかと考えていました。そこでサキ先生は，ヒカル君に，年少クラスに 4 月から入園してきたユヅル君の「サポーター」をお願いすることにしました。最初は嫌がっていたヒカル君ですが，お外遊びやたて割り保育の際に，ユヅル君にやさしく声をかけ，一緒に虫取りをしたりするようになりました。その頃からヒカル君は泣かずに登園できるようになりました。ヒカル君のお母さんは，「ヒカルは最近『ユヅル君にこんなことしてあげたよ』とよく話してくれます。先生のおかげです」と笑顔でサキ先生に報告してくれました。

幼児の登園渋りの背景には，養育者から離れることに対して強く不安を感じる「母子分離不安」が潜在していることが多い。保育者は子どもの不安を受け止め，無理に保護者から引き離すような対応をせず温かく子どもを支援することが重要となる。

　ヒカル君はきょうだいがおらず，お母さんと離れることを他児より不安に感じる傾向が強かったようです。登園渋りを示す幼児の中には，養育者と離れることに強い不安を感じる子どもがいます。サキ先生は，ヒカル君がお母さんと安心して離れられるような方法を考えました。それが，ヒカル君に年少児のお世話をお願いするという作戦だったのです。ヒカル君は，ユヅル君のお世話を通して「ナナメの関係」を経験することができ，他者をいたわる心を育んだようです。サキ先生はそうしたヒカル君の成長をヒカル君のお母さんに丁寧に伝えています。お母さんは，ヒカル君の成長した姿を目の当たりにして，子育てに対する喜びを深く感じたことでしょう。

事例のサキ先生のように，保護者と協力関係を築くためには，保育者の温かな子どもへの関わりを続けることや，子どもの状態を保護者へ丁寧に伝えることが必要となります。日々の関わりの積み重ねが保護者と保育者の信頼関係につながることを，保育者は常に意識しておく必要があります。

2．保護者の子育てに関する悩み

現代の日本社会は，子育て家庭に対して寛容であるとはいえない一面があります。たとえば，「赤ちゃんと一緒に電車やバスに乗っていて，赤ちゃんがぐずって泣いたら，周りの乗客からあからさまに悪口を言われた」「子どもが遊ぶ声がうるさいと，同じマンションに住む人から管理会社に連絡があった。昼でも戸を閉め切って，子どもを静かにさせなければならないのが苦痛」など，子育て中の保護者は，肩身の狭い思いをしたり，周囲に過度に気をつかわなければいけない状況に追い込まれたりすることがあります。すると保護者はちょっとしたことでも子どもを注意しなければならず，ますます子育てが楽しくなくなってしまうかもしれません。特に都市部では，マンションやアパートの隣に誰が住んでいるのかもわからず，孤独に子育てをしている保護者も少なくありません。保育所は，そうした保護者の悩みを最前線で受け止める場であり，後述するように，保護者同士の関係をつなぐことができる場でもあります。

　子育てに関する悩みは，保護者の年齢や保護者をとりまく環境（サポートする人の有無や経済状態等）によっても異なります。また，保護者自身がどのような人生を送ってきたか（成育歴）によっても異なります。さらに，何番目の子どもかによっても悩みの種類は異なることでしょう。また子どもの状態（未熟児で生まれた，病気がちである，障がいを抱えているなど）によっても，保護者の子育てに関する悩みは異なることでしょう。ここで2つの事例をもとに，保護者の子育てに関する悩みについて考えていきましょう。

【事例 5-2】育児書通りにいかないのは私のせい？
　保育園1歳児クラスのアキちゃん（女児）のお母さんが，ある日お帳面に以下のような相談を書いてきました。「育児書を読んでいたら，『1歳後半になると自我が芽生え始め，なんでも「イヤ」という時期がやってきます。この「イヤイヤ期」は子どもの成長のサインなので，温かく見守ってください』と書いてありました。アキはもう1歳8か月なのに，まだママっ子で，なんでも私に手伝ってもらいたがります。イヤイヤ期が来ない

のは私が甘やかして育てたからでしょうか？　もっと自分でやらせていたら，イヤイヤ期が来たのでしょうか？　このままだとアキが自立できない大人になるのではないかと不安です」。

　みなさんなら，お母さんになんとお返事を書きますか。「お母さん，心配しなくても大丈夫ですよ」とお母さんを安心させる返事を書きたい人もいるでしょうし，「育児書通りにいかないのが子育てですよ」と，熱心に子育てしすぎているようにも思えるお母さんをやんわりと諭したい人もいることでしょう。どちらも間違いではありませんが，お母さんの気持ちによりそった解答とはいえないかもしれません。担任のハルカ先生は以下のように返事を書きました。

> 　「お母さん，毎日アキちゃんの成長のためを思っていっしょうけんめい子育てされておられますね。アキちゃんもママが大好きなことが伝わってきます。『イヤイヤ期』がまだ来ないのはなぜなのか，私も考えてみました。アキちゃんは，まだまだいっぱいお母さんに甘えたい時期なのかもしれませんね。たくさんぎゅーっとして，甘えさせてあげてくださいね。『イヤイヤ期』は，早く現れる子もいるし，2歳を過ぎてから現れる子もいるし，実はまったく現れない子どももいるんですよ！　ただ，イヤイヤ期が来ると，子どもがちょっと自分から離れていったと思って，せつない気持ちになるお母さんも多いみたいです。どれもその子なりの成長の現れ方なので，これからも一緒にアキちゃんの成長を見守っていきましょう」
> 　後日お母さんは，「先生が私の気持ちをわかってくれたと思って，すごくラクになった。アキにも余裕をもって関わることができています。何かあったらまた相談しますね」と笑顔でハルカ先生に報告してくれました。

　ハルカ先生は，お母さんのアキちゃんの成長に関する悩みを否定せずに受け止めたうえで，保育者としての考え（成長には個人差があること）を伝え，最後に「一緒に成長を見守っていきましょう」と書いています。保護者にとって，子どものことを「一緒に考える」人がいると思えることは，何よりもうれしいに違いありません。筆者はカウンセラー（臨床心理士）ですが，まだ学生の勉強中の頃，最初に教わった先生に「どんな悩みでもその人にとってはとても苦しいもの。周りからみた悩みの軽い重いは関係ない。相談に乗る人としていっしょうけんめい悩みに向き

合いなさい」と言われた言葉を，20年近く経った今でも大切にしてカウンセリングをしています。みなさんも，保護者の悩みにいつも真剣に向き合う姿勢をもち続けてくださいね。

3．保護者の養育力向上につながる支援

　第2章で詳しく述べていることですが，保育所保育指針における子育て支援のポイントとして，「保護者の自己決定を尊重する」ことが挙げられています。保育者は，保護者の養育能力がよりよく発揮され，子どもの最善の利益が保障されるよう働きかける必要があります。「エンパワメント（empowerment）」とは，橋本真紀によれば，「『生活の状態を改善できるよう，個人的，対人関係的，政治的な力を強めていく過程』（Jonson & Yanca, 2001=2004：601）といわれ，個人の力を発揮することから社会的変革までを捉える概念」（橋本・鶴，2021：8-9）であるとされます。エンパワメント・アプローチでは，支援者である保育者が，保護者の子育てへの意欲を支え，保護者が利用できる資源を共に考えるとともに，保護者が自ら問題を解決していけるよう手助けをします。ここで事例をもとに，保護者の養育能力向上につながる保育者の支援のあり方について考えてみましょう。

【事例5-3】水筒の汚れはどうやってとるの？
　マサト君（2歳）のお母さんは，離婚して一人でマサト君を育てています。朝一番に保育園にマサト君を送ったお母さんは，そのまま仕事に行き，夕方のお迎えは最後になることもしばしばあります。マサト君は，お昼寝の着替えを忘れることもよくあり，そんな時は保育園のパジャマを着てお昼寝をします。お母さんはそのたびに「すいません」と謝りますが，担任のケンイチ先生はいつも笑顔で「お母さんお忙しいですものね」と返します。ある日ケンイチ先生は，マサト君の水筒の飲み口のゴムパッキンがとても汚れていることに気づきました。でもそのまま指摘すると，お母さんが「自分ができていない」ことに落ち込んでしまうのではないかと感じたケンイチ先生は，マサト君の水筒を洗って，薄めた漂白液でゴムパッキンを消毒しました。ケンイチ先生はお迎えに来たお母さんに水筒を勝手に消毒してしまったことを謝りました。すると「ありがとうございました。でも先生，水筒の汚れってどうやったら取れますか？」とお母さんはケンイチ先生に尋ねました。そこでケンイチ先生は消毒の方法を説明し，後日水筒を洗って消毒する手順を写真に撮り，一枚のカードにしてお母さんに渡しました。それからお母さんは水筒を定期的に消毒するようになり，マサト君の持ち物の忘れ物もほとんどなくなりました。

　ケンイチ先生は，マサト君のお母さんが大変忙しく働いており，マサト君の保育園の準備物を忘れてしまうほど余裕がないことに気づいてい

ました。マサト君の水筒の汚れも，お母さんの余裕のなさが表れていたと考えられます。ケンイチ先生はあえてお母さんに「水筒を洗ってください」と言わずに，消毒すると簡単に水筒をきれいにできることを実際にお母さんに示しました。するとお母さんは汚れの取り方を知らないことを先生に打ち明けました。先生は，お母さんが実行できるように，言葉で説明するだけでなく，消毒の手順を写真に撮ってカードを作り，お母さんがそれを見て水筒の消毒を実行できるような支援を行いました。するとお母さんは，水筒をきれいにするだけでなく，マサト君の持ち物の準備にも気を配ることが可能になったのです。

　ケンイチ先生のマサト君への関わり方は，保護者の養育能力を「エンパワメント」したものだと実感できたでしょうか。保護者の養育能力を向上させる保育者の支援は，事例のように保育者のきめ細やかな保護者への関わりと，あたたかな保護者へのまなざしに支えられています。保育者になるみなさんは，保護者の置かれている状況や現在の保護者の心情に常に心を配っていきましょう。

② 地域に開かれた子育て支援

１．地域の子育て家庭への支援

　保育所保育指針には，保育所の役割として，保育所等に入所する子どもの保護者への支援に加え，地域の子育て家庭への支援を行うことが必要であると書かれています。

> ア　保育所は，児童福祉法第48条の４の規定に基づき，その行う保育に支障がない限りにおいて，地域の実情や当該保育所の体制等を踏まえ，地域の保護者等に対して，保育所保育の専門性を生かした子育て支援を積極的に行うよう努めること。
>
> 　　　　　　（保育所保育指針　第４章の３の(1)地域に開かれた子育て支援）

　保育所は，地域の子育て家庭が気軽に相談できる場として，今後，地域の子育て支援において中心的な役割を担うことが期待されています。現代社会では，育児の実際について，保護者はインターネットを通じて情報を得ることができ，動画等で実際の子どもへの関わりを見て学ぶことはできるでしょう。しかし，保育所は，実際の乳幼児の生活の場であり，保育所の専門性を活かした関わりを多くの保護者に「リアルに」伝

えることが可能です。特に2020年から猛威をふるった新型コロナウイルス感染症の影響により，人との接触を減らし，物理的な距離を取ることが日常になりました。そのことにより，人と人の間の心理的な距離感も広がってしまっている可能性があります。保育所は子どもたちが日々通い生活を共にする「リアルな」場であり，保育者は地域の子育て家庭にとっても頼りになる存在でありたいものです。保育所は，子どもの成長や発達段階に応じた適切な子どもへの関わり，食育の重要性，親子の気持ちのつながり（愛着）を育てる遊びなどについて，インターネット等を通じて積極的に情報発信をしていく必要があります。

　保育所が地域の子育て支援家庭に行う支援の一つに，「**一時預かり事業**」があります。保育所保育指針には，以下のような記載があります。

> イ　地域の子どもに対する一時預かり事業などの活動を行う際には，一人一人の子どもの心身の状態などを考慮するとともに，日常の保育との関連に配慮するなど，柔軟に活動を展開できるようにすること。
>
> （保育所保育指針　第4章の3の(1)地域に開かれた子育て支援）

　一時預かり事業を利用する子どもは，保育所に入所している子どもとは異なり，馴れない場所や人といきなり接することになり，不安を感じることも少なくありません。保育者は，まずは子どもの情緒が安定するように働きかけるとともに，家庭と綿密に連絡を取り，子どもの心身の状態を把握する必要があります。年齢によっては，保育園で行っている活動（お外遊びやお散歩，行事への参加など）への子どもの参加に関しても柔軟に検討し，子どもの発達を促進する必要があります。在園児同様，保育中の事故やケガの防止に努め，万が一事故が発生した場合の対応や連絡方法について，マニュアルを作成しておく必要があります。

　2023年6月に，福岡市は就労や所得の制限にかかわらず，市内の保育所3園で生後3か月以上の未就園児を週1～2回，1回に月利用料1000円で預かるサービスを開始すると発表しました（RKBオンライン，2023）。こうした取り組みは地域の子育て家庭にとって，保育所という社会資源とつながることができるとても画期的な取り組みであり，養育困難家庭や外国籍の家庭への支援の入り口としても注目され，今後の展開と発展が期待されます。一方で保育所の負担を増やすのではないかという懸念もあり，保育者の待遇面の改善（配置基準の改正業務負担の軽減）とセットになって，保育所の行う地域の子育て家庭への支援がより活発になる

▷3　一時預かり事業
保育所等を利用していない家庭の子どもを，保護者側の急な事情（精神的な病気の悪化，育児疲れ等）に応じて預かる制度のこと。認定こども園や幼稚園でも実施されている。専門職員の配置や定員等が定められている。

ことが望まれます。

2．地域の子育て家庭への支援の実際

　あなたは，保育者が行う「地域の子育て家庭への支援」と聞いた時，具体的にはどのようなことを思い浮かべるでしょうか。たとえば，未就園児の子育て家庭への支援としては，保育所が園庭開放や子育て相談室などを開催している場合もあります。また，夏祭りなどの行事を地域住民と共同で開催し，地域の子育て家庭も気軽に参加できるように配慮している場合もあります。また，子育て支援センターなどの行政機関や，地域の子ども食堂や習いごと教室，子育てサークルや子育て支援に関わるNPO法人などの民間の機関と連携して地域の子育て家庭に関する情報交換を行っていくことや，子育てをサポートする機関が地域に存在するという情報発信を，保育所が積極的にインターネット等を通じて行うことも今後ますます活発になっていくと考えられます。ここで事例をもとに，保育者が行う地域の子育て家庭への支援について考えてみましょう。

【事例5-4】人に頼ってもといいと思える場所

　月に一度の土曜日の園庭開放の日に，10か月ほどの赤ちゃんを連れたお母さんがやってきました。保育士のミカ先生は，お母さんの周囲をうかがうような警戒したまなざしと，びくびくしてとても不安そうな悲しそうな表情が気になり，赤ちゃんをあやしながら，さりげなくお母さんに声をかけてみました。すると最初は警戒していたお母さんですが，ぽつりぽつりと以下のような悩みを話してくれました。「先月夫の **DV**▶4から避難して，実家があるこの土地に帰ってきた。自分の母親はまだ働いているので，自分は落ち着くまで働かずに育児に専念したらよいと言ってくれる。でも赤ちゃんへの接し方がよくわからないし，一日中この子と一緒にいるといらいらしてしまう。早く仕事を始めて保育園に子どもを預かってほしい」。

　ミカ先生は，お母さんの話をしっかりと聞いた後，まずは市役所の子育て支援課に相談に行き，一時預かり事業を利用してみてはと提案しました。そして，地域担当の保健師に依頼し，母子の見守りとお母さんのケアをお願いしました。精神的な落ち込みが強くみられていたお母さんは，保健師の勧めで医療機関を受診し，うつ病と診断され治療を受けることになりました。その後，赤ちゃんは一時預かり事業を利用することとなり，順調に成長しています。お母さんは，「園庭開放の時，もしミカ先生に声をかけられていなかったら，育児ノイローゼになって子どもに手を出していたかもしれません。私，ミカ先生に声をかけられた時，はじめて『人に頼っていいんだ』と思えました」と笑顔でミカ先生に話してくれました。

　ミカ先生は，園庭開放にやってきたお母さんの様子を見て，「気にな

▶4　DV（ドメスティック・バイオレンス）
配偶者間の暴力のことを指す。経済的DV，身体的DV，精神的DV，性的DVの4種のDVが存在する。DV被害者のケアと加害者への対応（罰則だけでなくカウンセリング等の治療）も今後，整備される必要がある。

る」と感じ，声をかけました。最初は警戒していたお母さんも，ミカ先生のやさしくおだやかな雰囲気に安心し，自身のつらかった過去や，今の子どもへの気持ち（一緒にいるといらいらしてしまう）を打ち明けました。ミカ先生は，お母さんの気持ちを受け止めるとともに，市役所に相談して一時預かり事業の利用を勧めるなど，具体的な提案を行いました。また，お母さんの精神面のケアを，専門家である保健師に依頼しました。その結果，お母さんをとりまく状況は改善し，地域で母子を見守る体制が少しずつ整ってきていることがわかります。ミカ先生は，「（お母さんの子育ての困難さに）気づいて」「（必要な制度や機関に）つないで」「（サポーターの一人として）支える」関わりを母子に行いました。この事例のように，何もかも一人でサポートするのではなく，周りの関係機関と共に地域の子育て家庭を支援することが重要です。保育所が子育て家庭にとって重要な社会資源であることが，みなさんにも実感できたでしょうか。地域の子育て家庭の保護者から，「何かあっても保育所がある」と頼りにされるような園が増えていくことを筆者も願っています。

3　保護者と保育者が「つながる」ための取り組み

1．保護者同士のつながり

　保育所において，在園児の保護者が一堂に顔を合わせる機会はそう多くありません。日々の送迎時に会うのも，たまたま時間が重なった限られた保護者同士ですので，顔を合わせてもあいさつしか交わしたことがない保護者の方が多いことでしょう。また運動会や生活発表会などの行事の際にも，在園児の保護者同士が交流する機会は限られていると考えられます。前述のように，現代社会において，多くの保護者は，子育てに不安や悩み，孤立感を抱えています。保育所の保護者同士が気軽に子どもの育ちについて話し合えるような場があれば，保護者も含めた保育所全体で，在園する子どもを育てるという雰囲気が生まれてきます。たとえば，クラス懇談会の際に，保護者同士が打ち解けて話せるような雰囲気を担任保育者が作ることも，保護者同士のつながりを作るきっかけになるかもしれません。懇談会の冒頭に簡単なグループワークを行うことで，保護者同士の緊張がほぐれることがあります。たとえばペアになってお互いの共通点を探し，話し合うことや，じゃんけん，ジェスチャーゲームなど言葉を用いないやりとりも有効です。

　また日本では，父親の育児参加が諸外国と比べて極端に短いという調

査結果があります。中谷奈津子（橋本・鶴，2021：26-27）によれば，就学前の子どもをもつ父親の家事・育児時間は，共働きの場合と妻が専業主婦の場合を比べてもほぼ変わらず，週全体で1時間15分前後です。この状況は，父親の仕事時間が相対的に長く，子どもと関わる時間が取りにくいという社会状況も影響していると考えられます。適正な労働時間と家庭（プライベート）の両立をより推進していくことが，今後の日本社会の課題となると考えられます。さらに，男女同権の理念のもと，父親と母親が平等に家事・育児に参加することが当たり前であると，社会全体の意識を変えていく必要もあります。保育現場や幼児教育の現場の中では，保護者が自主的に「父親会（おやじの会）」を組織し，運営しているところも少なくありません。父親会では，行事の際の駐車場の誘導や警備，園の備品の修繕や手作りのおもちゃの作成，親子スポーツ大会の運営などを行っており，それぞれの父親の得意なところを活かして活動しているようです。こうした取り組みから，父親同士がつながり交流する機会が増えると，父親の育児参加へのモチベーションの向上にもつながります。保育者は，こうした取り組みを時に保護者と共に行い，保護者と交流する機会を増やすと，保護者と保育者の信頼関係はより深まっていきます。

2．新たな取り組み

　筆者は共同研究者と共に，10年ほど地方の私立保育所A園に調査にうかがっています。当初「**気になる子**」への支援について困っていた園の依頼で，臨床心理士でもある筆者が調査者の一人として定期的にA園を訪問することになりました。調査者が保育者と共に「気になる子」への支援を考えていった結果，保育者は「気になる子」への支援に自信をもって取り組むことができるようになりました。しかし「気になる子」の保護者への支援が新たな課題としてみえてきました。そこで筆者らは，2016（平成28）年よりA園において，保育者と保護者が子どもについての悩みを気軽に語り合える「対話の場」を設定しました。当時の障害児保育担当の保育者（現主任）によって「ほっとサロン」と名づけられたこの「対話の場」は，その後も継続し，2023（令和5）年で8年目を迎えることとなりました。筆者は「ほっとサロン」に参加した保護者にインタビュー調査を行いました（橋本，2017）。その結果，保護者の子育てに関する負担感が軽減し，子育てに余裕をもてるようになったという肯定的な意見が語られるとともに，保護者同士の関係が深まったという意見もみられました。さらに筆者は「ほっとサロン」参加経験のあ

▷5　気になる子
明確に発達障害の診断がおりているわけではないが，言語面・運動面・社会性の発達の面で課題を抱える子どものことであり，「保育者が」気になると感じる子どもである。

る保育者にもインタビュー調査を行いました（橋本，2018）。その結果，「ほっとサロン」への参加により，保育者は保護者の気持ちに気づき，保護者との関係がより深まったという意見が得られ，「ほっとサロン」が若手保育者にとって保護者支援力を向上させる貴重な機会になっているという意見が得られました。また，「気になる子」の保護者支援だけでなく，すべての在園児の保護者にとって，子育ての悩みを気軽に語り合える場として，「ほっとサロン」が発展してきていることがわかりました。新型コロナウイルス感染症流行の影響で，「ほっとサロン」は2021～2022年度末までは，残念ながら年1回程度の開催しかできませんでしたが，2023年度からは定期的な開催を目標にしています。このような取り組みのように，保育者と臨床心理士のような外部の専門家が協働して，保護者同士のつながりを促進・発展させるような取り組みが広がっていくことが期待されますし，そのために保育所・幼稚園・認定こども園と地域の大学・短期大学等の保育に関わる研究者が，今後連携して子育て家庭を支援する取り組みが，全国的に広がっていくことが望まれます。

◆演習問題

(1) 事例5-2「育児書通りにいかないのは私のせい？」を読み返し，あなたがハルカ先生の立場なら，アキちゃんのお母さんの連絡帳の言葉にどのように返事を書くか，考えて書いてみましょう。
(2) 保育所や認定こども園で行われている「子育て支援」の実践例について調べ，調べた内容をまとめてグループ内で発表しましょう。

引用・参考文献

・園田希・松中枝里子・宇都宮真由子・隅井寛子・橋本真貴子・大重育美（2023）「新型コロナウイルス感染症流行下で幼児を養育する親のストレスと対処行動，育児支援の実態と育児支援へのニーズ」『日本赤十字看護学会誌』第24巻第1号，11～22頁。
・橋本翼（2017）「保育所における保育者と保護者の『対話の場』による子育て支援の可能性——保護者の語りの分析を通して」『近畿大学九州短期大学研究紀要』第47巻，124～135頁。
・橋本翼（2018）「保育所における『気になる子』の保護者支援の取り組みに関する一考察——保育者へのインタビュー調査を通して」『近畿大学九州短期大学研究紀要』第48巻，77～89頁。
・橋本真紀・鶴宏史編著（2021）『よくわかる家庭支援論』ミネルヴァ書房。
・ジョンソン，L. C., ヤンカ，S. J. ／山辺朗子・岩間伸之訳（2004）『ジェネラリスト・ソーシャルワーク』ミネルヴァ書房。

〈ウェブサイト〉

・RKB オンライン（2023）「親が働いていなくても OK，福岡市が 1 回1000円で乳幼児を預かる事業をスタート」(https://rkb.jp/contents/202306/202306066331/ 2023年 7 月 5 日アクセス)。

・厚生労働省（2023）「令和 4 年度（2022）人口動態統計月報年計（概数）の概況」(https://www.mhlw.go.jp/toukei/saikin/hw/jinkou/geppo/nendai22/dl/gaikyouR4.pdf 2023年 6 月25日アクセス)。

第6章
保育士に求められる基本的態度

【本章のポイント】
○家庭支援という枠組みにおいて，保育士にはどのような態度が求められているでしょうか。
○なぜ保育士に家庭支援が求められるのか，背景を知りましょう。
○基本的態度として，以下の点から理解を深めていきましょう。
　子どもを主体として受け止めること，保護者との受容的関わり，保護者の自己決定，秘密保持。

1 保育士に家庭支援が求められる背景

1. 保育士の業務

　保育士は2001（平成13）年に「登録を受け，保育士の名称を用いて，専門的知識及び技術をもつて，児童の保育及び児童の保護者に対する保育に関する指導を行うことを業とする者」（児童福祉法第18条の4）とされ，国家資格になりました。保育士は，「**児童の保育**」のみならず「**児童の保護者に対する保育に関する指導**」（以下，「保護者への指導」と呼ぶ）を行うことも業務であることが明文化されたのです（図6-1）。

　そもそも，この30年あまりで保育所等を利用する児童は100万人以上増加しました（厚生労働省，2022）。一方，虐待の件数はこの30年あまりでおよそ200倍の件数が認知され，社会的な問題となっています（こども家庭庁，2023）。

　子どもを産み育てるということに様々な困難がともなう現状の中，女性の就業率の上昇もあり，保育施設に利用希望が集中しています。

　こうした状況を受け，様々な法律が整備され，保育サービスや地域の子育て支援サービス，社会的養護の充実などが図られてきました。このような中で，保育者が家庭支援において果たす役割はとても大きいといえます。

2. 児童の保護者に対する保育に関する指導

　保護者に対する保育に関する指導について，具体的には柏女霊峰

▷1　児童福祉法，こども基本法，子ども・子育て支援法，次世代育成支援対策推進法，少子化社会対策基本法など。
法令の検索には，e-Gov法令検索（https://elaws.e-gov.go.jp/）が役立つ。上記の法律のほか，政令・省令・規則などの条文検索ができる。

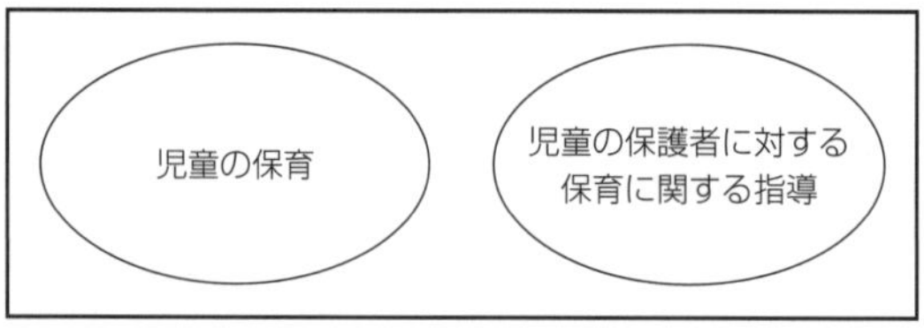

図6-1　保育者の業務

出典：筆者作成。

▷2 「子どもの保育の専門性を有する保育士が，保育に関する専門的知識・技術を背景としながら，保護者が支援を求めている子育ての問題や課題に対して，保護者の気持ちを受け止めつつ，安定した親子関係や養育力の向上をめざして行う子どもの養育（保育）に関する相談，助言，行動見本の提示その他の援助業務並びにそこで使用される援助技術の総体」と定義している（柏女，2016：5）。

▷3　保育所保育指針
保育所保育の基本となる考え方や保育のねらい及び内容など保育の実施に関わる事項等を定めている。

▷4　全国保育士会倫理綱領
行動規範を明らかにしたものであり，専門職集団として社会に果たすべき役割を示すもの。第8章注▷13も参照。

（2016）が定義しています[2]。それを参考にすると，「保護者への指導」は，相談の基本を学びながら，そこに保育士としての専門性を活かしていくという点が重要であると考えられます。この点については，次節で具体的に示していきます。

2　保育者に求められる基本的態度

　保育者の基本的態度を考えるうえで大切になるのは，まず「**保育所保育指針**[3]」「幼稚園教育要領」「幼保連携型認定こども園教育・保育要領」（2018〔平成30〕年施行）です。また，2003（平成15）年に策定された「**全国保育士会倫理綱領**[4]」も重要なものです。

　上記を参考にしながら，特に家庭支援という枠組みにおいて保育士にどのような態度が求められるのか，(1)子どもの主体性，(2)受容的関わり，(3)自己決定の尊重，(4)秘密保持といった点から考えていきたいと思います。

1．子どもを主体として受け止める

保育所保育指針には次のようにあります。

> 一人一人の子どもが，周囲から主体として受け止められ，主体として育ち，自分を肯定する気持ちが育まれていくようにする。
>
> （保育所保育指針　第1章の2の(2)養護に関わるねらい及び内容）

　この点は，直接的に家庭支援の内容ではないものの，常に理解しておかなければならない第一の前提です。保育所等では，当然ながら集団で保育を行うため，保育者には，多くの子どもたちが安心して生活できる，規律あるクラスを作りたいという思いがあると考えられます。しかし近年，発達面の特性が気になる子どもが増えてきたり，様々な事情を抱えた家庭の増加などにより，「どうしてもクラスがまとまらない」と悩む

保育者も多いようです。クラスをまとめないといけないという思いがあまりにも強くなると，管理するという面が強くなり，子どもの主体性が発揮できない可能性も考えられます。

　そのような状況にあっても，まず子どもが主体であるということを頭の片隅に必ず置いておいてほしいという願いをもって，次の事例を取り上げます。

> **【事例6-1】子どもの主体性とは？**
> 　年中さんのクラスでは，子どもたちが，前で体操する先生の見本を見ながら音楽に合わせて体操をしています。しっかり動いたり，ピタッと止まるところがあったり，とても変化に富んだ体操は，子どもたちに大人気です。どの子どもたちもとても集中して取り組んでいます。その中で，体操の輪に入らず，先生の近くではあるものの，教室の隅の椅子に座っているA君がいます。A君は和を乱すわけではないものの，体操の時などにみんなと同じ行動を取ることが難しい子どもでした。
> 　A君の手には鈴が握られています。A君はそこで，たまに鈴を振ってみたりします。クラスのみんなは音楽に合わせての体操なので，そんなにA君のことを気にする様子でもありません。A君が鈴を振った時には，間奏の時などに先生がさりげなく頭をちょっとなでにやってきます。A君は先生に頭をなでられて，にっこり笑いました。

　A君は，体操の輪には入っていません。教室の隅に座ったまま，気分が乗ると鈴を鳴らしています。体操に入れないA君と先生とで，体操の時にどうしておきたいか，あらかじめ話し合いました。A君は，座って見ておきたいという返答でした。そこで保育者は，座る場所はどこだったらよさそうか，床に座るのか，椅子に座るのか，などをA君と話し合いました。そして，A君の希望により，隅の方で椅子に座って見ることになったのです。保育者は，何か少し一緒に参加できたという感じがもてることはないかと考え，何か小さな楽器等を持ってみないかとA君に提案しました。するとA君は鈴を選びました。そして，慣れてくると少し鈴を鳴らすことができるようになりました。

　このような場合，一般的には，保護者も保育者も，輪の中に入ることができていない，という理解を真っ先にしてしまいがちです。A君はみんなと一緒に体操はしていませんが，同じ空間で鈴を鳴らすという形で参加しています。そしてA君も，先生から認められる機会もあり，その参加方法に納得しているようです。やや極端な例ですが，このように，本人が納得できる参加方法であれば，本人の主体性が発揮されたということがいえるでしょう。

２．保護者との受容的関わり

　保護者との受容的関わりについては，以下のように示されています。

　イ　保育所は，入所する子どもの保護者に対し，<u>その意向を受け止め</u>，子どもと保護者の安定した関係に配慮し，保育所の特性や保育士等の専門性を生かして，その援助に当たらなければならない。

　　　　　　（保育所保育指針　第１章の１の(2)保育の目標，下線は筆者）

　１　各地域や家庭の実態等を踏まえるとともに，<u>保護者の気持ちを受け止め</u>，相互の信頼関係を基本に，保護者の自己決定を尊重すること。

　　　　（幼保連携型認定こども園教育・保育要領　第４章の第１　子育ての支援全般に関わる事項，下線は筆者）

（保護者との協力）
　３　私たちは，子どもと保護者のおかれた状況や意向を受けとめ，保護者とより良い協力関係を築きながら，子どもの育ちや子育てを支えます。　　　　　　　　　　　　　　　（全国保育士会倫理綱領）

　保育所等で保護者と話す場面は，毎日の送り迎えなどの日常的な場面と，保護者から相談したいと言われ，ある程度時間を取ってしっかりと話を聞く場合とに分かれます。

（１）受容的関わりのための心構え
　保護者から相談したいという申し出があった場合について考えてみましょう。そもそも，保護者から「相談したいのですが」と言うこと自体，大きなハードルがあるものです。保護者は子育てになんらかの不安や上手くいかなさを強く感じて相談にきます。
　その前提として，保護者が家庭の中でできる限り，思いつく限りの対応をしたのに上手くいかなかった，という場合がほとんどであることを心に留めておく必要があります。つまり，相談したいと言ってきた時点で，保護者は「親として上手く対応できていない」と思っており，自己肯定感も低くなっています。保護者は，自信を失い，保育者にどのような返答をされるか不安に感じながらやってくるのです。したがって，相談にきたことについて，まずは「忙しい中，お子さんのことで時間を

取ってお話にきてくださってありがとうございます」と伝えるとよいでしょう。保護者の子育ての批判をしようと思っているのではないことが伝わると，ほっとする保護者がほとんどです。

　この点については，保育者自身が様々なことで悩んでいる時に，どんな人に相談したいと思うか，考えてみるとわかりやすいと思います。批判する・できていない所を指摘するような相手ではなく，わかってくれるという安心感がある相手に相談したいと思うはずです。そのため，保護者から「話したい」と思えるような関係を，日頃から意識して作っていくことが必要となります。

（2）受容的関わり──日常の場面において

　保育所等では送り迎えなどで保護者と顔を合わせる機会があることが特徴です。したがって，送り迎えの時間は短いものの，何かあったら「話したい」と思える関係を作っていくことができる場にもなります。大きな問題でなければ，短時間の保護者支援を行える機会にもなるでしょう。

　朝，保護者が送ってくる時は，双方に時間がないことも多いため，体調はどうか，普段と変わった様子はないかなど，必要事項の確認で終わることも多いと思います。それに対して，お迎えの時は少しゆっくりした雰囲気になります。その時には，以下のような点に注意して伝えましょう。

①　子どもが頑張っていることが見受けられたら積極的に伝えましょう。

　　子どもによっては，家庭と保育所等での姿が違うこともあります。家庭で上手くできないことでも，保育所等の規律ある集団生活の中ではできているということもあります。できた点に目を向けることで，保育者ができない点を指摘する人ではないことが伝わります。

②　できなかったことを伝える時も，言葉の選び方に注意しましょう。

　　小さい子どもは，その日の調子や体調によって不調な時もあるものです。また，時にはお友だちとトラブルを起こしてしまった，という日もあります。そのような時も，たとえば，

　　×「今日は，なかなかみんなの輪に入れなくて」→「今日は，珍しく甘えん坊な〇〇ちゃんでした」

　　×「今日はお友だちに手が出てしまって」→「今日はお友だちとおもちゃの取り合いになってしまいました。自己主張が強くなってきて，この年齢ではよくあることです。手が出てしまったので，

その点は指導しました」

といった形で，伝え方を工夫しましょう。

　日常の送り迎えのやり取りでも，保育士の専門性を活かせる点はたくさんあります。それは，保育士が子どもの発達段階やそれぞれの課題に対する対応方法などを熟知している点です。

　２歳児頃になると，自己主張が強くなり，時にはお友だちとトラブルになってしまったということもありえます。トラブルが起こってしまったことはもちろん良いことではありませんが，自己主張するようになってきたということは，発達段階上，決して悪いことではありません。

（３）保護者に対する個別の支援

　保育所保育指針には，次のように記されています。

> ア　保護者に育児不安等が見られる場合には，保護者の希望に応じて個別の支援を行うよう努めること。
>
> 　　（保育所保育指針　第４章の２の(3)不適切な養育等が疑われる家庭への支援，下線は筆者）

　上記のように，保育所等では保護者の希望に応じて個別に面接を実施するよう努めることと記載されています。

　では，保護者が実際に個別に相談にきた時には，どのように対応すればよいでしょうか。

　保護者の了解が得られれば，担任の保育士だけでなく，主任保育士や園長等，複数の保育士で対応することが望まれます。担任が一人で問題を抱え込まず，保育所全体でどのような対応が可能か考えることができるからです。そして，まずは前述のように「忙しい中，お子さんのことで時間を取ってお話にきてくださってありがとうございます」という言葉で穏やかに面接を始めましょう。

　個別の支援では，スムーズに話を進めるために，カウンセリングなどでもよく用いられる方法を使うことができます（吉田，2008参照）。

・保護者の話がひと段落するまで，保護者の話を遮らないようにしましょう。最初から保護者の言葉を遮ったり，最初から違う意見を言ったりすると，保護者は否定されたように感じ，せっかくの相談の機会が良い時間にならない可能性があるためです。

・自分の価値観や意見はいったん脇に置き，保護者の価値観や意見を理解することを重視しましょう。たとえ同じ経験をしていても，そ

の経験の感じ方，受け止め方などは人それぞれです。それは，一人ひとり様々な社会的立場，性格，個人的背景をもっているためです。

・相手の話を理解しているか確認しやすい方法は，繰り返しのスキルです。

1つ目のポイントは，相手の話がひと段落するまでしっかりと聴き，「相手の使った言葉で」「短く」「わかりやすく」伝えることが大切です。要点を短くまとめて繰り返す形になるので，最初は難しいと感じたり，「そうではなくて……」と保護者から言われることもあるかもしれません。しかし，これが上手くできるようになると，保護者に共感を示す言葉になります。

2つ目のポイントは，「非難も判断も評価もしない」ことです。次の事例から考えてみましょう。

> **【事例 6-2】保護者に対する個別の支援**
>
> 　保育所に通う年中のC君の担任は，保育所に勤務して数年の若い保育者です。優しい先生といわれることが多いです。C君は，朝の会・帰りの会など，みんな座って話を聞いている時に，座っていられず部屋から飛び出してしまうこともあります。したがって，主任の保育士など特定のクラスを担当していない保育士が，C君が飛び出してしまった時に手助けをしてくれます。そのようなC君の様子については，保護者に何度か伝えたことがありましたが，特に反応はありませんでした。
>
> 　お隣のクラスはベテランの厳しい先生が担任で，誰かが飛び出してしまったというようなことは聞きません。
>
> 　C君の保護者はしばらくして，個別に相談したいと言ってきました。そして，担任の先生が若く甘すぎるため，C君がいうことを聞かない。それなのに，C君が悪いかのように，C君が外に飛び出してしまうと保育所は言ってくるということが，保護者の主な訴えです。保育者は，「C君が悪い」と言いたいわけではなく，現状を保護者と共有したいという思いで伝えていただけなのですが，C君の保護者にとっては，C君が悪者にされていると感じられたようです。保育者は〈お母さんにとっては，"C君が悪い"と言われているような気がされたんですね？〉と保護者の気持ちを理解したという意図をもって繰り返しました。すると，「そうです」という答えで，自分の気持ちをとりあえずわかってもらえたようだということでわずかに安堵の表情が浮かびました。

　このような時，母親の言葉を聞かず，母親の理解は誤解であるということをいきなり言ってしまうと，保育者と保護者の関係が悪化しかねません。「保護者の気持ちを受け入れる」ということは，保護者の言いなりになるということではなく，まず保護者がどのような気持ちであるのかを保育者の側が理解した，ということを伝えることだと思われます。

3つ目のポイントとして，この事例では繰り返しのスキルも使っています。繰り返したのは，"C君が悪い"と言われている気がしたという母親の気持ちの部分です。この質問で，母親が伝えたいことを保育者が理解したか確認ができます。

3．保護者の自己決定

いうまでもなく，第一義的に，子育てに責任をもつのは保護者です。[5]したがって，家庭支援の領域においても，保護者の自己決定を尊重することは非常に重要な観点になります。しかし，それは保護者が言うことをそのまま鵜呑みにして受け止めるということではありません。

　一般的にも，他の人の言葉を参考に自分の考えを少しずつ修正していくことはよくあります。また，必要な情報が届いていないという場合もあります。誰でも，この情報をもっと前に知っていたら，このような判断はしなかったかもしれないのに，ということがあります。したがって，保護者の話を聞き，必要があれば情報提供なども行いながら，最終的には保護者の自己決定を尊重するという点が大切になります。

【事例6-3】保護者の自己決定（事例6-2の続き）
　自分の気持ちを否定されなかった母親は，少し安心した様子で徐々にC君について語り始めました。
　C君はとても元気で，高い所から飛び降りたりする等，危険なことをすることもあります。スーパーでも気になった商品があると走っていってしまうため，母親はどっと疲れてしまいます。また，3歳児健診でも会場をウロウロしている様子から心配にはなったものの，内科健診などはなんとか座って受け，何も指摘されなかったのでホッとしたと言います。「上の子はこんなことはなかった。もしかしたら，発達障害があるのかもしれないという不安がよぎったり，わが子に限ってそんなことはないと思ったり，不安な日々を過ごしていた」と話します。そんな時にC君がクラスを飛び出すという話を聞いて，とても心配したこと等を話し始めました。しばらくして，思い立ったように，「うちの子は発達障害なんでしょうか？病院に行ってハッキリさせたほうがよいでしょうか？」と言い始めました。
　保育者は，まず，発達障害については，専門の医師でなければ診断はできないので，保育所では判断できないことを伝えました。そして保育所で把握している相談機関としては，病院のほか，療育センターや行政の子育て支援課があること，回数は少ないが巡回相談も行われていることを情報提供しました。
　また，C君の場合は，飛び出すのをやめさせようとするのではなく，別の静かな所でしばらく一緒にいると落ち着いて戻れることがあるため，保育所ではそのような対応ができることも伝えました。家庭に持ち帰り相談

▷5　こども基本法では，次のように規定されている。（基本理念）第3条第5号「こどもの養育については，家庭を基本として行われ，父母その他の保護者が第一義的責任を有するとの認識の下，これらの者に対してこどもの養育に関し十分な支援を行う」。

> するといった母親は，最終的には「まだ小さくて，これから少し変わって
> くるかもしれないから」ということで，まずは巡回相談で様子をみてほし
> いことを伝えてきました。

　保護者の自己決定を尊重することは大切ですが，保護者が納得できる
自己決定を行うために，保育者ができることはいくつもあります。まず，
保育所以外の相談機関についての情報があるのであれば，それを伝える
こともできます。これはどちらかというと**ソーシャルワーク**の領域に近
い働きかけになります。

　また，これまでの経験や保育所の状況を踏まえて，どのような支援が
保育所でできるのか，このような関わりは効果があった，ということを
保護者に伝えることは，保育士の専門性を発揮できる点です。

　上述のように保育士の専門性を活かしながら，保護者に必要な情報等
を伝え，自己決定を促していくことが必要であると考えられます。

4．秘密保持

　保育士の秘密保持については，次のように定められています。特に，
「保育士でなくなった後」も引き続き，守秘義務が課せられていること
に注意しましょう（図 6-2）。

> 　保育士は，<u>正当な理由がなく，その業務に関して知り得た人の秘
> 密を漏らしてはならない。保育士でなくなった後においても，同様
> とする。</u>
> 　　　　　　　　　　　　　　（児童福祉法　第18条の22，下線は筆者）

> 　4　子どもの利益に反しない限りにおいて，保護者や子どものプラ
> 　イバシーを保護し，知り得た事柄の秘密を保持すること。
> 　　　　　　（幼保連携型認定こども園教育・保育要領　第 4 章の第 1　子育て
> 　　　　　　の支援全般に関わる事項）

> 　4　プライバシーの保護
> 　　私たちは，一人ひとりのプライバシーを保護するため，保育を通
> 　して知り得た個人の情報や秘密を守ります。
> 　　　　　　　　　　　　　　　　　　　　　（全国保育士会倫理綱領）

　例外として，まず覚えておくべき重要なことは，「**児童虐待の防止等
に関する法律**（児童虐待防止法）」において，虐待を疑われる時の通告は，

▷ 6　ソーシャルワーク
「社会福祉援助のことであ
り，人々が生活していく上
での問題を解決なり緩和す
ることで，質の高い生活
（QOL）を支援し，個人の
ウェルビーイングの状態を
高めることを目指していく
ことである」と定義される
（厚生労働省，2017）。第 2
章注▷ 6 も参照。

▷ 7　児童虐待の防止等に
関する法律
（児童虐待に係る通告）
第 6 条　児童虐待を受けた
と思われる児童を発見した
者は，速やかに，これを市
町村，都道府県の設置する
福祉事務所若しくは児童相
談所又は児童委員を介して
市町村，都道府県の設置す
る福祉事務所若しくは児童
相談所に通告しなければな
らない。
2　（略）
3　刑法の秘密漏示罪の規
定その他の守秘義務に関す
る法律の規定は，第 1 項の
規定による通告をする義務
の遵守を妨げるものと解釈
してはならない。

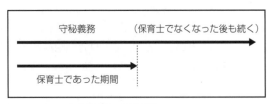

図6-2　秘密保持について

出典：筆者作成。

秘密漏洩罪その他の守秘義務違反にはあたらないということです。

　また，それが保育者の勘違いであって，実際には虐待が行われていなかった場合に通告したとしても，罰則があるわけではありません。実際の保育現場においては，いきなり通告すると，今まで築いてきた保護者との関係が壊れてしまうのではないかといった心配等，複雑な事情が絡んできて判断が難しくなることもあります。したがって，一人で抱え込むのではなく，園全体でどのように対処するかを慎重に検討していくことが大切です。

　この章では，家庭支援という枠組みにおいて保育士に求められる基本的態度について解説してきました。保育者には，保護者への支援も求められます。なかでも，「受容的関わり」は保護者の言いなりになることと同じではないこと，「自己決定」についても，可能であれば必要な情報提供を行ったうえで「自己決定を促すこと等」について解説しました。まず，「子どもの主体性」が土台にあり，子どもの主体性が尊重されたうえで，上記の「受容的関わり」や「自己決定」について支援していくことが大切です。

◆演習問題

(1) 「保護者の気持ちを受け入れる」ことについて具体的に説明してください。

(2) 保育者Aは，昨年度までB保育所で勤務していましたが，昨年度末で退職しています。今年度もB保育所に通う保護者が，職場の休憩時間に入ったカフェで，退職した保育者Aが友人と思しき人にB保育所の個人情報にあたることを話しているのが断片的に聞こえてきました。

　　保育者Aの行為について，あなたはどう考えますか。「児童福祉法」第18条の22（前ページ）に照らし合わせた場合はどうでしょうか。

引用・参考文献

・柏女霊峰（2016）「保育相談支援の意義と基本的視点」柏女霊峰・橋本真紀

編著『保育相談支援（第2版）』ミネルヴァ書房，1～6頁。
・柏女霊峰監修，全国保育士会編（2018）『改訂2版　全国保育士会倫理綱領ガイドブック』全国社会福祉協議会。
・汐見稔幸・無藤隆監修，ミネルヴァ書房編集部編（2018）『〈平成30年施行〉保育所保育指針　幼稚園教育要領　幼保連携型認定こども園教育・保育要領　解説とポイント』ミネルヴァ書房。
・鶴宏史（2015）「家庭支援における保育者の役割」橋本真紀・山縣文治編『よくわかる家庭支援論（第2版）』ミネルヴァ書房，34～35頁。
・吉田博子（2008）「子育て支援に生かすカウンセリングの技法」石川洋子編『子育て支援カウンセリング』図書文化社，36～47頁。
〈ウェブサイト〉
・厚生労働省（2017）「ソーシャルワークに対する期待について」(https://www.mhlw.go.jp/file/05-Shingikai-12601000-Seisakutoukatsukan-Sanjikanshitsu_Shakaihoshoutantou/0000150799.pdf　2023年4月27日アクセス)。
・厚生労働省（2022）「保育所等関連状況取りまとめ（令和4年4月1日）」(https://www.mhlw.go.jp/stf/newpage_27446.html　2023年11月7日アクセス)。
・こども家庭庁（2023）「令和4年度　児童相談所における児童虐待相談対応件数（速報値）」(https://www.cfa.go.jp/assets/contents/node/basic_page/field_ref_resources/a176de99-390e-4065-a7fb-fe569ab2450c/12d7a89f/20230401_policies_jidougyakutai_19.pdf　2023年11月7日アクセス)。
・「児童虐待の防止等に関する法律」（平成十二年法律第八十二号）e-Gov法令検索 (https://elaws.e-gov.go.jp/　2023年11月13日アクセス)。この法律のほか，「児童福祉法」「こども基本法」など法令の検索には，上記のポータルサイト e-Gov 法令検索が役立つ。

第7章
家庭の状況に応じた支援

【本章のポイント】
〇様々な家庭の形態や，家庭が抱える様々な問題について幅広く全体像を理解しましょう。
〇それぞれの家庭の状況に応じた支援について学びましょう。
〇親の精神疾患，子どもに発達的な障害が疑われる場合，経済的貧困，ひとり親家庭，ステップファミリー，海外にルーツをもつ家族などのトピックについて取り上げ，理解を深めます。

1 家族や本人が抱える課題に対応する ◁1

1．親の精神疾患

　子どもにとって，家庭はいうまでもなく生活の基盤となる場所であり，身体的にも精神的にも落ち着いて過ごすことができる場所であることが必要です。しかし，たとえば親に精神疾患がある場合等には，親の子どもに対する関わりが不安定なものとなってしまい，家庭が子どもにとって落ち着ける場所ではないことがあります。

　保護者の精神疾患は，保育者からみると，話しかけても返答がそっけない，話がかみ合わない，いつも表情が暗い，関係が作りにくい……などの違和感を感じることが多いようです（図7-1）（井上，2008）。

　保護者が保育者に伝えていない場合，①すでに精神科や心療内科などの医療機関を受診している場合，②調子が悪いという自覚はあるがまだ医療機関を受診していない場合，③保護者自身に自覚がない場合の大きく3つに分けられます。

　精神疾患は，体のケガなどと違って目に見えないものであるため，周囲の理解を得ることが難しい場合も多いです。保育者は，専門の医師ではないため，「〇〇ちゃんのお母さんはうつ病ではないか……」など軽率に診断名を口にしたりすることは避ける必要がありますが，上述のような違和感を感じた時には，精神疾患の疑いも視野に入れて対応することが大切です。

　具体的な対応は以下の通りです。

▷1　児童虐待はとても大きな家庭の問題だが，本書の第14章「要保護児童等及びその家庭に対する支援」に詳述されているため，この章では詳しくは触れない。

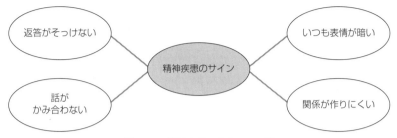

図7-1　精神疾患のサインの一例

出典：筆者作成。

（1）複数の目で見る

　精神疾患の可能性が考えられる時は，保育者が一人で抱え込まず，他の保育者にも相談しながら，複数で情報を集め，支援を考えていくことが大切です。目に見えない分，思い込みで決めつけが起こることが懸念されるからです。

（2）保護者に思い切って聞いてみる時に注意すること

　保護者がとても調子が悪そうな場合には，保育者も保護者が現在どのような状態なのか，心配だと思います。話しかける場合には，「お母さん，最近とてもお疲れのようですね。お仕事がお忙しいのですか？」など，まずは保育者が保護者に向けて話しかけても不自然ではない言葉を選んで話しかけてみましょう。保護者から，「実は……」と打ち明けてきた場合には，別にきちんと時間を取って話を聞くほうがよいでしょう。

　「仕事は忙しいけど，きちんとやれています。多少疲れてはいますけどね」というように，精神面での調子の悪さへの自覚があまりないと思われる場合には，「お忙しいんですね。それは大変ですね」と保育者が心配していることなどを伝えましょう。無理に自覚を促そうとすると，逆に関係を壊してしまう可能性があるからです。

（3）可能なら家族との連携を

　「お母さんがお疲れであれば，お父さんにも少し協力の機会を増やしてもらえるとよいですね。お父さんにもお話ししてみましょうか？」など他の家族と連絡を取ることについて保護者自身の了承が得られると，その後の支援がしやすくなります。あくまでも，保護者が困っていることに焦点を当て，それがどうすれば解決するのかという点から話を進めることがポイントです。困っていることは，保護者自身もどうにかしたいと感じているところだからです。医療機関受診のきっかけとなったり，他の相談機関への相談のきっかけとなったりします。保育者が先回りし

て，安易に「受診してみてはどうでしょうか」などと言ってしまうと，保護者は押し付けられた，レッテルを貼られたと思う可能性があり，望ましくありません。

　保護者のほうから「受診してみようか」と言った場合には，「受診するのはよいことだと思います。まずお母さん（お父さん）が元気になることが大切です。それが〇〇ちゃんにとっても安心できると思います」と伝えてよいでしょう。保護者の自己決定を尊重しながら話ができるからです。

（4）子どものサポート

　親が精神疾患により，育児困難な状態である可能性もあります。小さな子どもには，それが精神疾患によるものとはわからないため，場合によっては，「嫌われた」「自分のせいで親が不機嫌になっている」というように誤解し，自分を責めたり，罪悪感をもってしまうこともあります。そのような時には，「お母さんはあなたのことが嫌いなわけではないんだよ」と伝えることが大切です。「お母さんが面倒をみられないのは，あなたが悪い子だからでもなく，嫌いなわけでもなく，元気がなくてお世話をしたくてもできないからなんだよ」など，かみ砕いて説明することも大切です。

▷2　統合失調症
次のような症状がみられ，病院受診・服薬治療が必須である精神疾患。
　　1　妄想
　　2　幻覚
　　3　まとまりのない会話
　　4　まとまりのない行動
　　5　感情や考えや意欲が
　　　　乏しくなる
高橋・大野（2014）参照。

【事例7-1】母親が統合失調症と診断されたA君の家庭◁2
　年長組のA君の母親は，年中の終わり頃から「昨日も家に盗聴器が仕掛けられていたんです」とお迎えの時に言うようになり，保育士は心配していました。年長になってしばらくした時に，父親から園に連絡があり，母親がおかしなことを言うので，精神科のクリニックへ連れていったということでした。統合失調症の診断を受け服薬したところ，「盗聴」などの訴えはなくなったものの，家のことはまだできないところがあるため，祖母の助けを借りているとのことです。家庭でのA君については，もともと祖母が手伝いに来てくれることも多く，おばあちゃん子だったので，現在のところ大きな変化はないとのことでした。保育者は，まず打ち明けてくれた父親にお礼を言いました。そして現在，A君は園内でも元気に過ごしていることを伝え，家庭の状況を共有して注意して様子をみていきたいということを伝え，父親も了承しました。

2．子どもに発達障害が疑われる場合

　保育者は，朝の会・帰りの会等の時にじっと座れずにウロウロしていたり，部屋を飛び出してしまう，集団の活動に入れず自分のやりたいこ

とに没頭している等，行動面で気になる子どもに出会う機会は少なくないでしょう。保育者のほうも知識が増えてきて，発達障害を疑ったりすることもあるかもしれません。このような場合，保護者とどのように関わっていけばよいのでしょうか。

（1）発達障害の基礎知識，保育者の捉え方の基本

　一つひとつについて詳しくは述べませんが，発達障害の基本的な捉え方として大切なことは，黒か白か，0か100かといった線引きができるものではない，ということです。たとえば，"多動"を取り上げてみても，クラスを飛び出して走り回ってしまう→座っていられる時もあるが，興奮すると走ったりしてしまう→元気すぎると感じる時もあるが，日常生活に大きな問題はない，というように，様々な段階があります。特に，診断となると，専門の医師が様々な診断基準に照らし合わせてどこかで線引きをして，ADHD[3]等の診断をします。したがって，保育者は，発達障害についても，軽々しく判断してはいけません。あくまで，その子どもが困っているのはどんなことなのか，今現在，保育所等で工夫できる点はないか，といったところから考えていくことが大切です。

（2）保護者とのやり取りで注意すること

　田中康雄（2011）は，のちに発達障害と診断された親の80％前後が，実は3歳以前から，「うちの子はなにか，どこか気がかりだ」という違和感を抱いていたことを明らかにしています。ただ，保育所・幼稚園の段階で親のほうから相談に来るケースはあまり多くありません。理由としては，まだ小さく個人差が大きい時期であり，大きくなれば変わってくるのではないかという期待もあるからです。ただし，そのような期待の裏では不安な場合がほとんどです。

　このような子どもの保護者に，保育者が「トラブルを起こした」「一人で走り回っていた」等のできなかった点ばかりを伝えてしまうと，不安な気持ちを刺激することになり，より頑なな態度になってしまいます。したがって，起こったトラブルだけを伝えるのではなく，その後，「○○ちゃんなりに一生懸命折り合いをつけようとしていた」「謝ることができた」など，起こってしまったトラブルの中でも頑張れた点について伝えていくことも同様に大切です。

　できれば，日頃から子どもの良いことも悪いことも伝えることができるとよいでしょう。「○○を頑張っていましたよ」「○○ができるようになったんですよ」などと伝えておくと，保護者は保育者が自分の子ども

▷3　ADHD（注意欠如／多動性障害）
次のような症状が少なくとも6か月持続し，社会生活などに支障をきたしている状態。
　1　不注意
　2　多動性・衝動性
生まれもった特性であり，特性と上手く付き合う方法を探していくことが大切となる。
高橋・大野（2014）参照。

の成長を一緒に喜んでくれていると感じ，保育者への信頼感につながります。トラブルの時だけ連絡する保育者と，良い点も伝えてくれる保育者の言葉では，良いことも伝えてくれる保育者の言葉のほうが保護者も受け入れやすいものです。

また，「子どもが落ち着かず暴れてしまった」等の報告をする場合も，できれば保育者や保育所等がどう対応していこうと考えているかについても伝えることができるとよいでしょう。たとえば「今日は静かな別の部屋に連れていって，しばらくすると落ち着くことができたので，今後も落ちつくためのお部屋を準備しようと思います」等です。

保護者に，子どものもつ困難さをわかりながらも，適切に理解し前向きに子育てができるように支援していくことが非常に大切です。

また，もし「相談したい」という話が出た場合には，「よく来てくださいましたね」「一緒に考えていきましょう」という姿勢で，話を聞くことが大切であることはいうまでもありません。

2 家族をとりまく現実的問題

1．経済的困窮

現在，わが国の子どもの7人に1人（11.5％）が貧困状態にあるといわれています。日本における「**子どもの貧困**」[4]とは，「相対的貧困」のことを指します。相対的貧困とは，「**絶対的貧困**」[5]とは異なり，経済的困窮を背景に，教育や体験の機会に乏しく，地域や社会から孤立し，様々な面で不利益な状況におかれてしまう傾向があることを指します。

「ひとり親家庭」の半分（50.8％）は相対的貧困にあたるとされ，そうでない家庭（10.7％）の約5倍に及びます（内閣府，2019）。

このような家庭に起こりがちなことは，子どもに必要な衣服や道具などがそろえられない，親が忙しくてきちんと世話ができないなど，様々な問題が起こってきます。

また，貧困と孤立は強く関連しているとの指摘もあります。孤立した状態が親の精神状態に影響を与え，それが親子関係の悪化・虐待のリスクをもたらすという指摘もあります（山野，2022／金子，2018）。

（1）保護者とつながっておくことの大切さ

毎日必ず顔を合わせる保育者は，保護者とのつながりをもつことができるとても大事な存在です。関わり方は他の多くの子どもたちと変える

▷4 **子どもの貧困**
所得の基準に基づき算出したOECDの「子どもの貧困率」は11.5％である（厚生労働省，2023）。

▷5 **絶対的貧困**
毎日の衣食住に事欠く状態のことをいい，一部の発展途上国や紛争の起こっている国々で問題となるもの。

必要はありませんが，保護者が目の前の生活に一杯一杯である可能性は
否定できないため，子どもができるようになったことを積極的に伝え，
一緒に喜ぶなど，保護者が子どもの成長を少しでも感じられるようにす
ることも大切です。

（2）生活面について

　必要なものを揃えたくても揃えられないという家庭もあります。「寒
くなってきたので，脱ぎ着できるものを持たせて下さい」など，通常通
り伝えますが，保護者が持ってこない場合は，準備できない可能性も踏
まえて対応することが必要です。可能であれば園内では園がもっている
着替えの予備を着せておく等，柔軟に対応しなければならない場面もで
てくるでしょう。また，もし保育所等に「お金がなくて買えない」など
親から困っているという発言があった場合，専門的にアドバイスはでき
なくても，たとえば「まずは役場にご相談に行ってみられてはどうです
か？」など，より専門的に対応してくれるところを伝えることも大切に
なります。

2．ひとり親家庭

　ひとり親世帯[46]になるということは，現実的にも様々な変化をもたらし，
心理面・情緒面においても大きな影響を及ぼすライフイベントです。特
に子どもにとっては，たとえば「両親が離婚して父親が出て行ったのは
自分が悪い子だったから」「母親も自分を見捨てていなくなるかもしれ
ない」等の誤った認識をもち，子どもが不安や罪悪感を抱きかねません。
　このように，子どもにとって親の離婚は，まだ理解できないことが多
く，子どもであるからこそその思い込みが生じうることを大人が理解し，
子どもの気持ちに寄り添っていくことが必要となります。したがって，
「お父さんとお母さんは一緒にいられないけれど，二人とも〇〇ちゃん
のことが大好きで大切に思っている」などと説明することも必要です。
　また，緒倉珠巳（2018）によると，別居の親がいた場合に，面会交流
の後，子どもが不安定になったり，わがままになったり，体調を崩す場
合があることも指摘されています。面会交流時には保育者に伝わってこ
ないことも多いでしょうが，このような反応が起こりうることは頭に入
れておきましょう。

【事例 7-2】最近，父母の離婚を経験した B 君
　年長の B 君の家庭は，最近，父母が離婚し，母親と暮らしています。

▷ 6　ひとり親（世帯）
ひとり親となる理由は，離婚が最も多く，母子世帯・父子世帯双方において，75％以上を占めている。ひとり親の過程で起こりうる現実的な問題として，①特に母子世帯における経済的な厳しさがあげられる。②次に，母子世帯では，母子のみで生活している世帯が61.3％，母の親などと同居している世帯が38.7％となっているのに対して，父子世帯では，父子のみで生活している世帯が44.4％，父の親などと同居している世帯が55.6％となっている。相対的にみて，母子世帯のほうが親族からの支援を得にくく，母子世帯の母親の多くは，就労で家族を養う役割と，子どもを養育する役割を一人でこなさなければならず，精神的・身体的に厳しい状況にあることが示唆される（厚生労働省，2017）。

詳しい経緯までは園には伝えられていません。B君には際立った変化はみられませんが，一人で砂場で黙々と遊んでいる時間が増えました。保育者が声をかけると，「この前，お母さんが動物園に連れていってくれた」「〇〇君に車を取られた」など日常的な話はします。保育者が見かけた際にたまに声をかけるということがしばらく続いた後，ある日「（僕が）いうこと聞かないから会えなくなったのかな？」とポツリと言いました。保育者が「会えなくなったのは誰？」と尋ねると，「お父さん」と応えました。

　保育者は，「『そんなふうに思ってたの。辛かったね……お父さんとお母さんは別々に住むようになったけれど，それはB君のせいではないよ。離れていてもお父さんはB君のことをとても大切に思っているよ」と伝えましたが，B君からの返事はありませんでした。B君はそれからもしばらく砂場で黙々と遊んでいました。環境の変化を受け入れるのにはもう少し時間が必要だったのでしょう。保育者が，以前のようにお友だちの輪に入っているB君を見たのはしばらく経ってからのことでした。

3．ステップファミリー

　ステップファミリーとは，「親の再婚あるいは新たなパートナーとの生活を経験した子どものいる家庭」のことを指します（緒倉・野沢，2018）。ステップファミリーには様々な形態の家族が含まれ，①子どもが両親の離婚あるいは死別を経験した後に，再度親が再婚したというケースもあれば，②結婚せずに子どもを出産して育ててきた母親が新しいパートナーと（法律上の婚姻関係はない）事実婚のカップルとなる場合なども含まれます（図7-2）。

　共通しているのは，「継親子」と呼ばれる関係が生じることです。緒倉珠巳・野沢慎司は「自分の子どもを2人育てる経験と，自分の子どもと夫の子ども（継子）を育てる経験は本質的に違う」ものだと指摘しています（緒倉・野沢，2018：15）。

　したがって，保育の現場で，もし「子どもの両親が再婚している」とか，「母親（または父親）が実の母親（父親）ではない」という情報が得られた場合には，対応として，気をつけておくべきポイントがいくつかあります。

（1）再婚などをした直後の反応
　まず，親が再婚したばかりの状況にあるならば，子どもは心理的に不安定な状態となり，園で気になる行動が出てくる可能性があります。背景には，
・元の家族に戻りたいと思うのに，叶わないと我慢する。

図7-2　ステップファミリーの種類（一例）

注：実父母，継父母が逆のパターンや，事実婚の場合もあるため，ステップファミリーの種類は多様である。
出典：野沢慎司編（2018）『ステップファミリーのきほんをまなぶ』金剛出版，12頁。

・もっと実親に甘えたいのに，新しい家族にその時間を奪われたと感じる。
・自分がいらない子だと感じる。

など，家族構造の大きな変化に基づく心の動揺があります。したがって，子どもが落ち着かない時は，可能であれば職員室など別室で少し落ち着く時間を作る，話を聞いてあげる等の対応が必要になることもあるでしょう。

（2）保護者への対応

　継親に，子どもに対して実親とまったく同じ対応を求めないことです。緒倉珠巳（2018）によると，「基本的には実親を子育ての責任者とみなし，継親には子育てのサポート役に徹してもらう」ことがステップファミリーにおける子育ての基本と指摘されています。したがって，たとえば，継母に，「（わが子と同じように）ぎゅっと抱きしめてあげればよいのですよ」というアドバイスは，やや的はずれなものになってしまいかねません。継母には，園で起こったことについて，実の父親にも伝えてもらうようにお願いし，実の父親がどのように考えているかを確認する作業も必要になる場面があるでしょう。実の親が子どもに対して変わらない関心を向け続けていることがしっかりと子どもに伝わることも必要であり，そのサポートを保育者が担うことができると考えられます。

4．外国にルーツをもつ家庭

　2022（令和4）年6月末現在における在留外国人数は約296万人にのぼり（出入国在留管理庁，2023），外国にルーツをもつ子どもが保育施設を利用することも珍しくなくなりました。外国にルーツをもつ家庭に対応するために大切なポイントがあります。

①その家庭の文化や宗教的背景に合わせた対応

　給食を出している園の場合，給食を例に挙げると，宗教上食べられないメニューがある等，現実的な対応が必要になる場面もあります。また，文化の違いによって子どもが馴染めなさ等を感じていないか，心理面にも注意を払う必要があります。いろんなケースがあるため，対応を一つにまとめて論じることはできませんが，文化が違うということは，子どもにとってストレスになりうることを心にとめておきましょう。

②保護者の日本語の力に合わせた受け答えの仕方等の工夫

　日本にいる期間が長く，日本語の扱いにほぼ困らないという人から，日本語がたどたどしいという人まで千差万別です。後者の場合，できるだけ短く簡単な言葉で説明しましょう。またイラストや写真，現物を見せるなどの対応が有効である場合もあります。

　この章では，様々な家庭の形態や，家庭が抱える問題について，幅広く学んできました。それぞれの家庭の状況に応じて，細やかに支援していかなければならないことがわかると思います。保育者はとても忙しいですが，可能な限り，それぞれの家庭が抱える状況に応じた支援ができるようにしておきたいものです。そのためには，一人で抱え込まず，できるだけ園全体で情報を共有し，対応するということが必要になります。優れた保育者とは，なんでも一人でこなせる保育者というわけではなく，園内で（必要であれば園外の機関などとも）情報を共有して，全体で対応し，それぞれに必要な役割を果たすことができる保育者であるということも心にとめておきましょう。

◆演習問題

(1)　保護者の精神疾患のサインとしては，どのようなものがあるでしょうか。
(2)　もし保護者に精神疾患のサインがみられた場合，保育者として子どもにどう関わっていったらよいでしょうか。
(3)　発達障害にはどのような種類があり，どのような特徴があるでしょうか。
(4)　(3)をうけて，それぞれの発達障害の種類に応じた子どもたちへの対応には，どのようなものが考えられるでしょうか。

引用・参考文献

・井上清子（2008）「精神疾患の疑いのある保護者の理解と対応」石川洋子編『子育てカウンセリング』図書文化，104～117頁。
・岡崎裕士・青木省三・宮崎等編『こころの科学』第155号，20～24頁。

・緒倉珠巳（2018）「子どもへの配慮」野沢慎司編『ステップファミリーのきほんをまなぶ』金剛出版，45〜50頁。

・緒倉珠巳・野沢慎司（2018）「ステップファミリー入門」野沢慎司編『ステップファミリーのきほんをまなぶ』金剛出版，11〜16頁。

・金子恵美（2018）「虐待・貧困と援助希求——支援を求めない子どもと家庭にどうアプローチするか」『こころの科学』第202号，52〜55頁。

・高橋三郎・大野裕（2014）『DSM-5 精神疾患の診断・統計マニュアル』医学書院。

・高山恵子（2020）『育てにくい子の家族支援——親が不安・自責・孤立しないために支援者ができること』合同出版。

・田中康雄（2011）「発達障害のある子どもの家族を応援する」『こころの科学』第155号，20〜24頁。

・山野良一（2022）「貧困と孤立の交差点で，子育て家族に“つながる”一手を考える」『こころの科学』第224号，20〜25頁。

〈ウェブサイト〉

・厚生労働省（2017）「平成28年度全国ひとり親世帯等調査」（https://www.mhlw.go.jp/stf/seisakunitsuite/bunya/0000188147.html　2023年 1 月15日アクセス）。

・厚生労働省（2022）「令和 3 年度　我が国の人口動態」（https://www.mhlw.go.jp/toukei/list/81-1a.html　2023年 3 月 1 日アクセス）。

・厚生労働省（2023）「2022（令和 4 ）年国民生活基礎調査の概況」（https://www.mhlw.go.jp/toukei/saikin/hw/k-tyosa/k-tyosa22/dl/01.pdf　2023年11月 7 日アクセス）。

・出入国在留管理庁（2023）「令和 4 年 6 月末現在における在留外国人数について」（https://www.moj.go.jp/isa/publications/press/13_00033.html　2023年 2 月15日アクセス）。

・内閣府（2019）「子どもの貧困に関する現状」（https://www8.cao.go.jp/kodomonohinkon/yuushikisya/k_9/pdf/s2.pdf　2023年 3 月 1 日アクセス）。

第 8 章
地域の資源の活用と自治体・関係機関との連携・協働

【本章のポイント】
○様々な地域資源を見つけてみましょう。
○こども家庭庁についてを知ろう。
○こどもをまんなかにして，つながる施設について理解しましょう。

▷1　厚生労働省（2022）「国民生活基礎調査」7頁（表5）。

▷2　同上，3頁（表1）。

　少子化の現代，日本においては児童のいる世帯の割合が2022（令和4）年の数値で18.3％[1]と少数です。また，ひとり親と子どもの世帯は6.8％[2]となっています。親の世代から子の世代へと一世代変わると，以前は正しかった子育ての方法が通用しないということがありえます。保育の現場では，子どもたちが日常の生活を送っています。そんな中，子どもを育てることの理想を伝えられる，育児の方法を伝達できる場は限られており，子育て家庭にとって理想的な子育てを伝えられる社会資源は重要です。保育の現場は重要な社会資源となりえるのに，そこに働く人たちは，いま子どもたちのためにできることを精一杯やっているだけで自分たちを社会資源とは考えていないかもしれません。保育者にとっての，子どもと家庭にとっての必要な社会資源・関係機関，地域をつなぎ，子育て家庭に寄り添う地域の資源との連携を探してみましょう。

1　求められる連携の必要性

1．連携の対象

　私たちが大人になったと自覚するのはいつ頃からでしょうか。子どもから成長して大人になる時に，成人という一つの節目があります。民法では18歳で成人となるので，それが大人の，成人としての自覚なのかもしれません。それぞれに大人の自覚があるでしょうが，大人と子どもとの対比の中で，子どもを保護し養護・養育することができるのが大人ということならば，大人になった自覚のもとに子どもを保護することができるようになるでしょう。10代であれば，20代以上は大人にみえるで

しょうが，思っていたほど大人になり切れていない自分に気づくかもしれません。家庭支援においても，伝統的な夫婦の形だけでなく，シングル，ステップファミリー，外国にルーツをもつ家庭や，議論途上のパートナーシップ制度など，多様な家族を想定する必要が出てきています。とにかく，目の前の子どもがどのような家庭背景であっても不利益を被ることのないように，**子どもの最善の利益**を保障する保育者を目指していきましょう。国では子ども・若者への支援を広げようと，切れ目のない支援を整備しています。すべての大人と子どもを対象に，子育てに関係するすべての機関が総力を挙げて，支援を必要としている人と関わりを作れる社会を目指しましょう。

保育を志すみなさんがよりどころとする「保育所保育指針」には，社会資源や地域社会について，どのように書かれているのでしょうか。

第1章の1の(1)　保育所の役割
ウ　保育所は，入所する子どもを保育するとともに，<u>家庭や地域の様々な社会資源との連携を図りながら</u>，入所する子どもの保護者に対する支援及び地域の子育て家庭に対する支援等を行う役割を担うものである。

（下線は筆者）

第2章の4の(3)　家庭及び地域社会との連携
　子どもの<u>生活の連続性</u>を踏まえ，<u>家庭及び地域社会と連携して保育が展開されるよう配慮すること</u>。その際，<u>家庭や地域の機関及び団体の協力を得て</u>，地域の自然，高齢者や異年齢の子ども等を含む人材，行事，施設等の地域の資源を積極的に活用し，豊かな生活体験をはじめ保育内容の充実が図られるよう配慮すること。

（下線は筆者）

2．連携の方法

発達心理学者である**ブロンフェンブレンナーのエコロジカルモデル**で社会資源をソーシャルワークの視点からみてみると，子どもをとりまく環境が，時間とともに家庭夫婦関係，親との人間関係，自治体それぞれが相互に関係し合っていることがわかります。子どもと社会資源同士も相互に関係し合っており，その関連の中で成長していることを意識しましょう。

▷3　**子どもの最善の利益**
児童の権利に関する条約において「生きる権利」「育つ権利」「守られる権利」「参加する権利」の4つが基本原則とされる。

▷4　**ブロンフェンブレンナーのエコロジカルモデル**
個人をとりまく水準を同心円で示すモデル。
マイクロには自分や家族など最も身近な対人関係，メゾには学校の先生など地域関係，エクソには間接的に影響のある親の職場やきょうだいの学校などの関係，マクロには法や制度，文化などの社会システムが相当する。

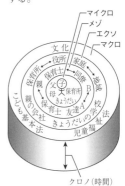

3．こどもまんなか社会の実現

　こども家庭庁が2023（令和5）年4月1日，発足しました。こども家庭庁のホームページには，「子供」が「こども」と表記されています。どうしてでしょうか。子の漢字は小学校1年生で習う漢字です。たいていの大人は読めるのですが，あえて「こども」と表記されているのには理由があります。これまでの保育現場では，子供の「供」をひらがなにするように意識していました。「供」は当て字であり，お供する，（従者として）従うといった意味が含まれるため，子どもを大人の意見に従わせる意図はないとの理由で，「子供」と表記することを避けて「子ども」としてきました。しかし，こども家庭庁発足の際に，小さい子どもにも読めるようにという配慮から，「こども」と表現されました。こども自身も権利の主体であり，こどもの意見も施策に反映させようという強い意志を感じます。これは日本が批准している児童の権利に関する条約（子どもの権利条約）に，(1)生きる権利，(2)育つ権利，(3)守られる権利，(4)参加する権利，として，こども自身が自由に意見を表したり自由に活動を行ったりできる，その権利を尊重した証です。

　2023年4月1日に施行された**こども基本法**は，子どもが将来にわたって幸福な生活を送ることができる社会の実現を目指して整備されました。

第11条　こども施策に対するこども等の意見の反映

　国及び地方公共団体は，こども施策を策定し，実施し，及び評価するに当たっては，当該こども施策の対象となる<u>こども又はこどもを養育する者その他の関係者の意見を反映させるために必要な措置を講ずるものとする。</u>

（下線は筆者）

　子どもの意見を反映させるにあたっては，子ども目線で子どもを支え，子どもの意見を引き出す，**ファシリテーター**の役割も必要とされています。

② 関係機関の種類と社会資源の特徴

1．子どもとつなぐ多様な関係機関

　まず知っておいてほしいことは，子ども家庭福祉の分野には様々な専門機関があり，専門家がいるということです。そして，それぞれの専門

▷5　こども基本法
日本国憲法および児童の権利に関する条約の精神にのっとりすべてのこどもが将来にわたって幸福な生活を送ることができる社会の実現を目指し2023年4月に施行された。

▷6　ファシリテーター
会議やプロジェクトなどの集団行動において，全体を巻き込みながらスムーズに進むように支援する行為（ファシリテーション）を専門的に担当する人物。

家に得意な子育て支援の分野があります。今後は子育て支援の種類が増え家庭支援がより充実することが期待されます。そんな中，子育て支援センターとファミリー・サポート・センター，母子支援員と母子・父子自立支援員，家庭支援専門相談員と家庭児童相談員など，専門機関の領域や取り組む事業，担当職員の中で，似たような名前の施設・職種でも，それぞれ違う役割と仕事内容のものがあります。

　しかし，お互いのことを詳しく知らないことが多かったり居住地の役所に聞いてもすべてのことを網羅できている職員がいない場合があるということです。保護者から親しみをもたれるように，愛称や略称（児家セン，子家セン）で呼ばれていたりします。法律や規則が変わり，新しい名称に変わっていたり，新たな家庭支援の施設が増えることで関わる領域が変わると，「連携したい」と相談する側がそもそもの役割を調べないとわからないということも起こっています。子育てに困難があるので相談したいと思い立ち，電話で問い合わせをしても，「それはうちではありません」と断られ，相談できる先がないと困っている家庭も少なくないと思われます。

　現在，多様な家庭支援の施設があり，現場で子どもと家庭に関わる関係者がいます。しかし，ニーズにつながらなければ不十分なままです。児童虐待件数は増え，家庭の状況が困難な様々な家庭があるからです。初めて子どもを授かり，どこにも相談できずトイレで出産し遺棄したという事例があるほどです。みなさんがどこかの誰かとつながり，連携して，生まれてきてくれる子どもと関わることで，「救われる命があり，助かる保護者がいる」と思い巡らせながら，それぞれの施設の類型をみていきましょう。

　複数の機関と連携する際には，機関や人同士を「つなぐ」，保育士や職員が支援者として「つながる」，支援の行き届かないところを保育者目線で「つなげる」働きかけが必要です。

（1）児童家庭支援センター，市区町村子ども家庭総合支援拠点
　地域ネットワークの強化，育児相談，子育て支援，見守りを担当。
　家庭内の問題や子どもの生活習慣，知能や言語発達，学校の問題など幅広く相談に応じ，里親やファミリーホームの支援も行っています。地域とのつながりを最大限に活かした子育て支援・育児相談などを担い，養育不安等に対応し，児童虐待の発生予防的な対応を担う機関で，児童福祉法に基づく児童福祉施設の一つです。また，市区町村の支援拠点としては，子どもとその家庭を対象として，その福祉に関し必要な支援に

係る業務全般を行っています。

（2）児童相談所

児童虐待，非行ケース，一時保護，児童福祉施設，里親等への措置を担当。

児童福祉法に定められた児童福祉の専門行政機関で，都道府県と政令市に1か所以上設置されています。子どもの虐待防止に関する専門的な知識や技術を必要とする事例への対応や，市区町村の後方支援を行っています。保護者との分離が必要と判断された場合には，児童相談所での一時保護，または児童養護施設等での一時保護委託を実施します。子どもの状況を把握して必要な支援・指導を行うとともに，地域で生活する保護者に対して児童福祉司等により支援や指導を行います。児相とも呼ばれています。

（3）福祉事務所，母子健康包括支援センター，子育て世代包括支援センター

福祉事務所は，都道府県と市に設置が義務づけられている（町村は任意），生活保護や児童福祉など，幅広い福祉サービスに関する利用の相談窓口です。母子健康包括支援センターは，母子保健事業を通して子育ての相談支援を行います。家庭内の問題や，子どもの生活習慣などについて，家庭児童相談員と連携して家庭を訪問し，子ども・保護者・家庭内の状況や養育の状況等を把握します。

（4）児童発達支援センター，障がい者相談支援センター

障がい児やその家族からの相談に応じて，福祉サービスの利用援助，社会資源の活用，**ピアカウンセリング**[7]等を行うことにより，地域における障がい児の生活を支援します。

▷7　**ピアカウンセリング**
ピアとは仲間という意味をもち，同じ背景をもつ者同士が対等な立場で話を聞きあうこと。

（5）社会福祉協議会

都道府県および市区町村に1か所設置されている，社会福祉法に規定される民間福祉団体で，社会福祉に関する事業を企画実施するとともに，相談事業や生活福祉資金貸付などを行います。社協と略称で呼ばれることが多いです。

（6）民生委員，児童委員・主任児童委員

民生委員は市町村の区域におかれる民間の奉仕者であり，児童委員を兼ねています。支援を必要とする家庭を定期的に訪問するなどして，話

し相手になったり，相談相手になることにより孤立感を解消し，子ども
と保護者の状況を把握して見守りを行います。主任児童委員は児童委員
の中から厚生労働大臣が指名します。

（7）要保護児童対策地域協議会[8]

要対協と呼ばれ，児童虐待等で保護を要する児童，支援が必要とされ
る児童や保護者に対し，複数の機関で援助を行うための法定化されたサ
ポートネットワークです。児童虐待事例は，一つの機関だけで解決でき
るものではありません。多機関の協力のもとに対応していくものであり，
各機関を通じての情報共有，役割分担による連携が必要となります。

（8）子育て支援センター

妊娠期から利用でき，子どもとともに保護者も利用できます。講座や
イベント等をきっかけとして利用者へ情報提供や体験を提供します。配
慮が必要な利用者の情報を関係機関と共有しながら，専門職や他の関係
機関へつなげています。

（9）保育所，幼稚園，認定こども園

乳幼児の入所を受け付け，保育を行います。子どもをとりまく環境を
整備し，子どもと家庭に寄り添い，日常的な見守りと育児支援を行う施
設です。

2．虐待を起こさせないために

児童虐待を起こさせないためにはどうしたらよいでしょうか。
子ども虐待防止**オレンジリボン運動**[9]や「189」の**児童相談所虐待対応
ダイヤル**[10]がありますが，児童福祉施設には通告義務があり，発見次第即
通報しなくてはなりません。しかし，保護者の近くで子育てに寄り添う
立場で，保護者の虐待を指摘することは容易なことではありません。
そこで，起こってしまう前に，まず予防が必要です。義務教育で理想
的育児，子育てについて学ぶ機会はほとんどありません。理想の子育て
を学ぶ機会がなかったのに突然子どもを授かることになると，戸惑い，
どうしていいのかわからなくなってしまう場合もあるでしょう。親世代
の育児とは条件も求められる内容も変わっているし，インターネットで
子育てを検索するとたくさんの育児法が検索できます。しかしそこで自
分の子育てをどうしたらいいのか，正解が見つかるわけでもありません。
通常の出産でも，妊娠期から出産時における心身の大きな変化により産

▷8　要保護児童対策地域
協議会
詳細は，第4章第1節を参
照。

▷9　**オレンジリボン運動**
子ども虐待防止のシンボル
としてオレンジリボンを広
めることで，子ども虐待を
なくすことを呼びかける市
民運動。

▷10　**児童相談所虐待対応
ダイヤル**
児童虐待かもと思ったとき
「189」に電話すると，近く
の児童相談所につながる全
国共通の相談ダイヤル。

後うつの状態になるなどして，家庭や夫婦の間がぎくしゃくすることも珍しくありません。

　家庭の相談にのってくれる先が少なく，核家族のため夫婦二人で抱え込んでしまっている場合があるかもしれません。そこで，子育てに関わる施設は積極的に相談を受けつけています。場合によっては，**アウトリーチ型の支援**[11]も必要です。家事育児代行や，産後ケア等は大事な時期に育児に専念するために有効ですが，質量ともに十分とはいえません。各関係機関のもっている機能を重ねあい，一歩ずつでもあゆみよった対応をする「**のりしろ型**[12]」の支援を心がけることが大切です。

　児童虐待にあたる状態に陥った際，まず通告し，そこから関係機関として要保護児童対策地域協議会（要対協）や都道府県の関係機関が関わることになります。その関係機関に要保護児童対策地域協議会や児童相談所があります。

　要対協に事例が挙がると個別ケース検討会議が行われ，情報収集のためにネットワークミーティングや個別のケース会議に保育士が参加することもあります。

　具体的な関係機関には次のようなものがあります。

　保健所，福祉事務所，社会福祉協議会，児童発達支援センター，保育所，幼稚園，認定こども園，児童福祉施設，学校，医療機関，民生委員・児童委員，子育て支援センター，母子生活支援施設，乳児院，警察，家庭裁判所，児童（子ども）家庭支援センター，母子健康包括支援センター，子育て世代包括支援センター

　それぞれの機関に専門家がいて，個人情報や家庭環境に配慮しながら継続的な支援を心がけています。子どもを中心に成長に寄り添いながら，子どもの未来を守るという視点から，保育者独自の目線で他の支援機関とも連携を図っていきましょう。

3　連携の実際

1．倫理綱領

　一般的に倫理綱領とは，専門家としての倫理的責任を明確にし，社会に表明するものです。医師や弁護士，看護師等の職種で整備されていますが，つまり専門家としての行動規範であり，専門家としての地位を確立するうえでの必要条件でもあります。

　様々な専門職に倫理綱領（倫理規定）が示されており，保育士につい

▷11　アウトリーチ型の支援
子育て家庭の身近な場所で，親子の交流や育児相談を実施。または，子育てサービスを円滑に利用できるよう関係機関と連絡調整する。

▷12　のりしろ型の支援（イメージ）

ては「**全国保育士会倫理綱領**」<small>◁13</small>で，「職場におけるチームワークや，関係する他の専門機関との連携を大切にします」と宣言しています。

> 5．チームワークと自己評価
> 　私たちは，職場におけるチームワークや，<u>関係する他の専門機関との連携</u>を大切にします。
> 　また，自らの行う保育について，常に子どもの視点に立って自己評価を行い，保育の質の向上を図ります。　　　　　　　（下線は筆者）

　連携できる機関やその種類は様々ですが，こども基本法が施行され子ども施策推進のために，今後もその数が増えて子ども子育ての充実が図られることでしょう。自身の知識や経験を増やしながら，他の領域の専門家と連携することで，地域の充実した子育てにつなげていきましょう。

2．専門家との連携

　子どもを産み育てる際に資格や証明が必要なわけではないので，知識や経験がなくても子どもとの関わりが始まる場合もあります。その際に皆さんのような専門家の存在が助けになる場合が数多くあります。場合によっては，皆さんが別の豊富な経験や知識を頼り，もっと高度な専門家の領域に助けを借りたくなる場合もあると思います。園内であれば，まず上司である，園長や主任に相談し，一緒に連携することで解決につながる場合も多々あります。

> 【事例8-1】見守り，成長に寄り添い続けることの大切さ
> 　3歳児で途中入所したMちゃんのお母さんはシングルマザーで，保育所を利用するために入所と同時に仕事を見つけましたが，帰りが遅い仕事で，閉園時間ギリギリにお迎えに来ることもめずらしくありません。入所当時から，Mちゃんは園での生活の中で困った時の泣きが激しく，一度泣き出すと火が点いたようになり，1時間ほど泣き続けることもあります。あまりに大きな声で泣くので，他のクラス担任からも「どうして泣かせ続けるのか？」と話題に出るほどです。園長にも相談し，年に2回ある市の発達に関する巡回相談の際，臨床心理士の先生に相談すると「普段関わりの薄いクラス担任以外が関わる際は，本人が折り合いがつけられるように，泣きやむまで待ってください」とアドバイスを受けました。泣いている最中は何もしてあげられないのがもどかしく，クラス担任も，泣かなくてもいいような活動に本人を誘い，それでも泣き止まない場合は，他の職員にも事情を話し，見守るといったことに徹しました。様子は一向に変わらず，どうしたものかと考えあぐね，月日は過ぎていきました。

▷13　**全国保育士会倫理綱領**
前文に続いて，「私たちは，子どもの育ちを支えます」「私たちは，保護者の子育てを支えます」「私たちは，子どもと子育てにやさしい社会をつくります」と記され，その後に「子どもの最善の利益の尊重」など保育士の8つの行動規範が示されている。第6章注▷4も参照。

年長クラスになる頃，お母さんから，引っ越しのため退園すると申し出がありました。成長の記録を振り返ると，2年前の入所当時の出来事が思い出されましたが，最近は泣きも少なくなっており，言葉でのやり取りもスムーズで，お母さんからも成長がうかがえる様子が伝えられ，成長したことを喜び合いながら送り出すことができました。

　　結果：日常に困り感があり相談したのに，専門家からは「見守っていてください」のような助言しか得られなかった時に，保育現場では何もできることはないのかと途方に暮れてしまうことがある。この事例では2年後に成長を共有しながら見送ることができたが，事例中にあったように，他の職員とのやり取りからは対応の正解を見つけることができないことのほうが多い。ただ，諦めることなく関わり続けることが本人を助け，ひいては保護者と成長を喜び合える日が来ることを信じて，子どもの成長に寄り添い続けることが大切である。

　　専門家と連携することで，困難な状況が劇的に解決することを期待されると思います。しかしながら，子育てにおいて簡単な正解がないように，安易な解決は期待できません。すでに保育に関わる専門家として対応したうえでもなかなか改善に結びつかない場合も多いので，さらなる関わり方の工夫や環境の見直し・時間の経過などが必要な，改善への途上なのかもしれません。質の向上を図りながら諦めずに前向きに関わることで，環境を変えることができ，また新たな社会資源との連携の糸口が見つかるかもしれません。

3．評価の振り返り

　　保育の計画や評価の際に，計画（Plan）・実行（Do）・評価（Check）・改善（Action）の **PDCAサイクル**^{◁14}でよく説明されます。これは業務改善の手法からきたもので，日本では様々な組織づくりで活用されています。
　　最初に保育を学ぶ際に，保育計画を立てることは難しく，悩ましいものです。保育計画の立案が難しいために，前年度の計画をコピーしたり，保育雑誌の中から同学年の似たような保育を探し出し，丸写しして計画に借りてきてしまうようなことになりかねません。借りてきた計画を使い，とりあえずの計画から始めることよりも，まずは子どもと向き合い，目の前で起きていることを理解しましょう。子どもの理解（Understand），デザイン・計画（Design），実践（Do），省察（Reflection）という改善，評価方法を考えてもよいでしょう。
　　このほかビジネスシーンで多く使われているフレームワークに，オー

▷14　PDCA サイクル
1950年代に，統計学者のエドワーズ・デミングが提唱した業務改善や目的達成のフレームワーク。

グループというやり方もあります。見る（Observe），わかる・適応させる（Orient），決定（Decide），動く（Act）の4つのステップを繰り返して，刻一刻と変化する状況でループ（Loop，見直す）し，成果を得る手法もあります。決められた工程ばかりではなく，保育は変化にとんだ日常の中での出来事です。現状の中から最善の判断を下し，即座に行動を起こすためには，様々な視点から検討し実践することがポイントになります。

　子どもと家庭について専門的に学ぶということは，保育のことだけ知っていればいいわけでも，保育だけを深く知ればいいわけでもありません。幅広くビジネスや組織運営のあり方を取り入れ，その時々の状況に合わせた柔軟な思考が求められます。これは施設内，企業内部の論理を，外側の人や組織に理解してもらうのに必要なことです。仕事の見える化をして，どうしていまその仕事が必要なのかを考えることも，子どもと向き合いつつ効率的に働くためには必要なことです。

4．社会資源同士の連携にあたって

【事例8-2】保護者の不満
　3歳児クラスのCちゃんは，かみつきやひっかきの傾向があり，お友だちとのトラブルが絶えません。園の方針で，子ども同士のトラブルはお互い様なので，加害も被害も両方の家庭に伝えるようにしています。担任は，伝えにくいことでも真面目に向き合い，丁寧にお母さんに伝えていました。年度替わりでCちゃんは転園することになりましたが，転園直前に保護者から「うちの子をしっかり見てくれていなかった」と苦情があり，転園の原因は，保護者が以前からトラブル対応に不満をもっていたということがわかりました。

　保育でのチームワークは，円陣を組んで掛け声をかけあうような華々しいものではありません。決して一人にはしないと相手を信じて，たとえよい結果にならなくても，真面目で丁寧な保育を協力して実践していくことです。保育は一人きりではできません。互いに信頼できる連携があるお陰で，別の不安や不満が解決する糸口がみつかるかもしれません。どのようなささいなことでも共有し，言いにくいことも言える雰囲気づくりが大切です。
　保育士等キャリアアップ研修▲15 が認められるようになってから，保育現場の組織のあり方に変化がありました。園長，主任から保育士へといったトップダウンの組織の指示命令系統から，**ホラクラシー型**▲16 といわれる

▷15　**保育士等キャリアアップ研修**
保育士の待遇改善と専門性の向上を図るために，2017（平成29）年に厚生労働省により制定された。2023（令和5）年度より研修受講が必須となった。

▷16　**ホラクラシー型（イメージ）**
上下関係のある階層型がヒエラルキー型組織（次頁）なのに対して，ホラクラシー型は非階層型の対等な関係なので，現場の判断により意思決定などがスムーズとなる。

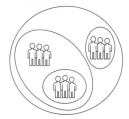

・非階層型
・意思決定が分散
・対等な関係

83

ような専門リーダーが役割を担い，一人ひとりが目的達成の役割をまっとうし，タイムリーな意思決定を行える組織形態への転換です。他の施設や専門領域との連携を図るためには，カウンターパートを見つけることが重要です。その時々に応じて対応する連携先の状況も考え，チーム内での役割を担い，保育チーム内の結びつきを強くすることで高いレベルで協働できるようになり，今までにない新たな連携に進みだすことができます。

　保育におけるマネジメントのあり方が変わり，組織のあり方が**ピラミッド型**（ヒエラルキー型）^{▷17}からホラクラシー型，**マトリクス型**^{◁18}組織に変わってきています。園内における保育者同士の信頼関係を高めつつ，組織としての保育の取り組みを推進することで，他の社会資源との連携が進められます。

▷17　**ピラミッド型／ヒエラルキー型（イメージ）**

・階層型
・意思決定がトップダウン
・上下関係

▷18　**マトリクス型**
関連するテーマや要素を縦軸・横軸に分けて相関関係を捉えた組織。ここでは，他の関係機関との垣根を超えた連携による継続的な関わりを指す。

◆演習問題

(1)　こどもまんなか社会の実現のためには何が必要でしょうか。あなたが考える3つの政策をまとめてみましょう。
(2)　地域にどのような子ども家庭支援・子育て支援の施設やサービス，拠点があるか調べてみましょう。
(3)　保育園の中でチームワークを高めるために，何ができるか考えてみましょう。

引用・参考文献
・秋田喜代美著，亀ヶ谷忠宏写真（2021）『保育の心もち2.0——新たな窓をひらく』ひかりのくに。
・大豆生田啓友編，三谷大紀・佐伯恵美著（2023）『子どもと社会——あそびが学びとなる子ども主体の保育実践』Gakken。
・ズー，アーロン（2023）『OODA式リーダーシップ——世界が認めた最強ドクトリン』秀和システム。
・セリグマン，マーティン／山村宜子訳（1994）『オプティミストはなぜ成功するか』講談社。
〈ウェブサイト〉
・厚生労働省（2022）「国民生活基礎調査」（https://www.mhlw.go.jp/toukei/saikin/hw/k-tyosa/k-tyosa22/index.html　2023年11月13日アクセス）。

第9章
子育て家庭の福祉の向上を図るための社会資源

【本章のポイント】
○社会資源の種類と特徴を理解しましょう。
○相談体制のあり方を理解しましょう。
○保育現場と子育て家庭の具体的な連携をイメージしてみましょう。

　家庭支援をする際に，支援する側の論理だけではなく，支援を受ける側の立場に立ち，気持ちに寄り添うことは何より重要なことです。仕事の都合や家庭の状況などで支援と結びつくことができずに困難を抱えてしまっている場合や，こんなことは人に相談する必要はないと思っている場合もあるでしょう。そこで保育者等には，支援する家庭の子どもの生活を困難に陥らせないようにするという観点から関わってほしいのです。

1　様々な社会資源

1. 子どもを支える社会資源を知る

　社会資源とは，社会福祉の支援の過程で用いられる資源のことを意味します。一般的に，利用者のニーズを充足させるために動員される物的人的な資源を総称したものとされています。各種制度，サービス，人材，組織，団体活動，情報，拠点，ネットワークなどが挙げられます。NPO法人や民間企業が主体となっている資源も増えているため，普段は直接関わらない団体やネットワークであっても，子どもや家族の暮らす地域にどのようなものがあるか把握しておくことが重要です。
　社会資源にはフォーマルな（制度化された）ものとインフォーマルな（制度化されていない）ものがあります。フォーマルな社会資源は，行政によるサービスや公的サービスを提供する民間組織によるサービスが中心になります。適用に関する評価基準や利用手続きが設定されており，継続性があり，専門的なものが期待できます。インフォーマルな社会資

源には，近隣住民やボランティア，自治会等があります。柔軟なサービス提供が強みです。

地域を基盤とした家庭支援の領域では，社会資源を把握し特徴を認識しつつ，長所短所を補完する形で最大限に活用するように促しましょう。地域社会のニーズに即して，フォーマル，インフォーマルにかかわらず，地域の資源をいかに有効活用するか，また様々な社会資源をいかに適切にコーディネイトし，適合させるかが求められます。さらに，必要な社会資源が存在しない場合には，地域の福祉課題に応じて新たな社会資源を育成，開発するという試みも必要になります。

（1）フォーマルな社会資源（制度化されているもの）

▷1　フォーマルな社会資源，インフォーマルな社会資源

フォーマルな社会資源は，社会制度としての資源，保育や児童福祉の法律・制度をもとに運営されている。インフォーマルな社会資源は，個人や各種団体が自由意思で行う活動。第8章第2節も参照。

フォーマルな社会資源▷1の例としては，市町村の相談窓口，福祉事務所・家庭児童相談室，保健所，市町村保健センター，母子健康包括支援センター，子育て世代包括支援センター，児童相談所，児童家庭支援センター，乳児院，母子生活支援施設，児童養護施設，児童心理治療施設，児童自立支援施設，障害児入所施設，児童発達支援センター，学校，保育所，幼稚園，認定こども園，児童厚生施設，子育て支援センター，社会福祉協議会，などがあります。

また市町村の事業として，利用者支援事業，乳幼児全戸訪問事業，子育て援助活動支援事業（ファミリー・サポート・センター事業），子育て短期支援事業（ショートステイ事業・トワイライトステイ事業），一時預かり事業，養育支援訪問事業もあります。

（2）インフォーマルな社会資源（制度化されていないもの）

インフォーマルな社会資源▷1の例としては，子育てサロン，子育て広場，子ども食堂，フードパントリー，地域の学習支援や生活支援団体，フリースクール，NPO法人による子どもの居場所活動，学校や保育所の保護者会，PTA活動，地域のボランティア活動，子ども会活動，お寺や教会などが主催の子どもの居場所活動，里親の会，不登校引きこもりサポートセンター，病気療養児童のための親の会，などがあります。

2．医療機関との連携

子育て中に病気やけがで病院にかかることはよくあります。健康に関するいろいろな相談のできる病院のかかりつけ医を見つけておくことは，子育ての安心感につながります。比較的大きな総合病院には，児童虐待防止医療ネットワーク事業の拠点病院としての役割をもった病院があり

ます。その病院には，子どものことを相談できる医師がいるので，必要時には連携できることを知っておきましょう。

> **【事例9-1】アレルギーのある子どもとつながる保育所・医療機関**
>
> 　保育所への入所面談の際，子どもには小麦と卵の食物アレルギーがあり，以前卵でアナフィラキシーショックを起こし，エピペンを使用したことがあるといわれました。現在，家庭では食べ勧め（診断に基づきアレルゲン除去食で量の調整などを行う）をしており「園で体調が悪くなったらすぐに駆けつけます」と心配している様子です。入所前に何度か慣らし保育を行い，保育に参加してもらい，集団の中でできる配慮や保育の説明を丁寧に行いました。その際，アレルギーの主治医を尋ねると，園の研修等でお世話になっている地元の総合病院の小児科のT先生だとわかりました。「T先生とは何度もお話ししたことがあるし，園からも相談することがあるんですよ」と話すと，「よかった」と安心されました。

　施設を運営していると，様々な場面で地域の社会資源と関わる機会があります。ケガをした時の病院，学校や高齢者施設との交流活動，ボランティアの受け入れなど幅広く，地元の人々と日々の生活の中での関わりが継続されていて，人同士の結びつきは施設の大きな財産です。その知識や経験を，いまの子育てに活かしていけるようなソーシャルワークの機能や役割が求められています。子ども家庭福祉の新たな資格として，2024（令和6）年より「こども家庭ソーシャルワーカー」が創設されます。児童福祉司の上位資格であり，子どもや家庭のソーシャルワークの機能と役割を担えることで社会資源同士の新たな連携と取り組みが進むことが期待されます。

2　多様化する家族関係・相談体制

　多様化する家族の課題を受け止めるための重要なポイントは，誰もが利用しやすい場や制度・仕組みになっているかどうかです。育児中の家庭が集まり，育児の様子を共有することで困り感が軽減されたり，またはうまくいくなどよくできた体験や情報を共有することにより，新たな育児の方法に気づき，助け合いのコミュニティができるかもしれません。

1．孤立する子育てとSNS

　子育ての場所が地域に集約されているとは限りません。公共交通機関では行きにくかったり，または思いもかけないところで子育て支援の場が見つかったりもします。子育て中に，睡眠・排泄が確立していない乳

▷2　**食物アレルギーとエピペン**

「保育所におけるアレルギー対応ガイドライン（2019年改訂版）」によると，保育所におけるアレルギー対応の基本原則として「全職員を含めた関係者の共通理解のもとで組織的に対応する」と明記され，食物アレルギーの対応では「安全・安心の確保を優先する」としている。
エピペン注射液は，アナフィラキシー症状の進行を一時的に緩和し，ショックを防ぐための補助治療剤で使用には制限もあるので，上記のガイドラインを参照しておくとよい。

児を連れて行動する時には，時間や行動範囲が制限されてしまうので，保護者はスマホやSNSで検索し，施設の利用時間や場所等を調べて，事前に予約して利用することも多いでしょう。その際に，口コミ情報が目に入る場合があります。口コミサイトが閲覧され，書き込みがされている場合がありますが，主観的であったり偏った情報もあり，すべてが事実に基づいているとは限りません。

【事例9-2】口コミ評価

　4月になり，入園進級式も終わり，新しい気持ちで新年度をスタートしました。朝泣きながら登園する子もいるので落ち着かないけれど，引き継ぎをしっかりとして丁寧な保育をしようと心がけていると，一人の職員から「ちょっと言いにくいのですが」と，相談をもちかけられました。ある口コミサイトで，園の評価が最低になっている書き込みを見つけてしまったというのです。できごとが詳細に書かれているし，保護者らがみたら動揺してしまうだろうとのことです。内容をみてみると，「入園の説明が1時間もかかって長すぎる。そのうえ，わが子は入園もできず，同じ職場の他の同僚は入園できた。人で判断するなんて最低の保育園だ」と書き込まれていました。入園を人物で判断したことはなかったので誤解なのですが，このような理解につながってしまったことはお詫びしなければと思い，入園受付をした職員に聞き取りをして，4月に入園が決まらなかった保護者一人ひとりの申し込みの時のことを振り返り，一人の保護者が思い当たりました。連絡をとり，対応がまずかったこと，説明の時間が長かったのは，今までの保護者の中で育児での困りごとや悩みがあるご家庭があったので，電話でお断りするのではなく，入園希望で見学されても入園できない場合があることをお伝えしたうえで，育児相談もかねて来園いただいていたことを話しました。しかしその保護者には電話で断ってくれればよかったのにと言われてしまいました。誠心誠意，事情を説明し，この書き込みでは他の保護者がこんな保育園は利用したくないと不安な気持ちになるし，職員もやる気を失ってしまい不利益を被ることを伝えて訂正をお願いすると，わかりましたと応じていただけました。

　最近，マスコミ報道で不適切保育が問題になり，保育中にこんなとんでもないことをする保育園なんかなくなればいいのにとばかりに，SNSや口コミサイトに評価を書きこむ人がいます。一部の低評価のためにすべてが疑わしく思えてきて，普段の丁寧な関わりが台無しになってしまうことを考えると，影響はけっして小さくはありません。名前も顔もわからない匿名の書き込みへの対応は困難な場合もありますが，少なくとも園の問題を改善する努力は，必ずどこかで報われると信じています。

　最近は，飲食店を探す際と同じような感覚で，病院や学校，保育所の利用の参考のために口コミサイトを利用する人がいますが，保育所はほ

ぽ毎日や定期的に利用する機関であり，同じ所を長く利用することになるので，新しい投稿が少なく，あまり有益な情報はみつからないようです。ただ，匿名であり反論もできないので，一方的に非難する投稿をみることがあります。個人的な誹謗中傷はサイトに削除の依頼ができるようですが，訂正してもらえることはまれだそうです。そういった意味では，検索ジャンルによってはサイトの評価をあまり気にしても仕方なさそうです。現在利用している保護者に聞くと，「同級生，ママ友の紹介や関係機関から良い噂を聞くから」といったリアルな口コミを頼りに施設を選ぶことが多いようです。地元地域の関係機関や施設との連携の中で保育や子育ての取り組みを伝えることで，利用したくなる施設だと思ってもらえることがあるようです。地道な取り組みを地域に発信することが，子ども子育て支援の施設としての社会的評価を向上させることにつながると考えます。

2．コロナ禍の保育

集団生活の場である保育所では，コロナ禍での保育を通して再認識することも多くありました。

> **【事例9-3】コロナ禍の保育**
>
> 　コロナ禍の行動制限を乗り越えた私たちにとって，コロナ禍は制限され続けて感染症におびえていただけではありません。リアルな対面での研修をオンライン開催にして，現場の学習の機会を確保したり，日々の保育や年中行事の内容を見直して本当に必要なものは何か，保育を再認識したりする機会としてきました。保育内容を伝え，見える化するためのドキュメンテーションなど，できることを工夫し，子どもと保護者と保育者は，ソーシャルディスタンスを取りながらも関係性は緊密に連携することができました。それぞれの保育を再確認しながら，それまでの当たり前（の保育）を見直し模索する日々でした。3年余りのあいだ，マスクや手洗いをはじめ安全衛生や健康管理を徹底した日常は，子どもたちのリスクもさることながら，大人たちにとっての子育てもつらかったことがうかがえます。
>
> 　コロナ禍で匿名の保護者から手書きのはがきをもらった際は，報われた気持ちになりました。

3．虐待と発達支援への対応

ここでは，社会資源とつなげることのできた事例から，その対応の困難さを考えてみましょう。

▷3　ドキュメンテーション

保育ドキュメンテーションとは，保育現場における毎日の子どもの言動を写真や動画，コメントなどで記録したもの。子どもの活動経過を継続的に記録することで，日々の保育の質の向上につなげる。

▷4　保護者からのはがき

┌───┐
│ **【事例9-4】児童虐待1：保護者との関係をどう継続させるのか**

　「パパがいうことを聞かない子どもをたたいた」と母親から聞いた保育
者が園長に相談し，市役所に通告することになりました。48時間以内の安
全確認のために市役所からは家庭児童相談員が面談に訪れ，「二度と虐待
をしないように」と両親に注意がありました。

　その後父親からは「どうして相談もなく市役所に言うのか，自分は虐待
なんかしていない」「今まで我慢してあげていたけど，以前娘の顔に2回
ボールをぶつけられた。園内で虐待があった」と言われました。母親から
は「信頼していた先生だから相談したのに（勝手に市役所に連絡された）
もう二度と相談しない」と言われてしまいました。

　児童虐待があった事実もつらいのですが，園は通告した後の家庭と日々
関わり続けていかねばなりません。この場合，施設の相談にのってくれて，
日々関わり続けてくれる社会資源はどこにあるのでしょうか。
└───┘

　子どもや家庭への支援を心がけて保育していても，思いが行き違って
しまうこともあります。このような場合に時間と関係性が助けになるこ
とがあります。**心理的ストローク**としての普段の関わりが関係改善の機
会になることもあります。挨拶をすることや何気ない会話をすることで
関係性は保ちつつ，子どもの成長に共感し理想的に関わることで，安心
できる関係性を築くことにつながります。社会資源との関わりは，相談
してつなげたらそれで終わりというわけではありません。保護者との関
係性の修復や，専門的視点の再認識にもなり，園内だけで解決しようと
せずに役所や児童相談所，またそれ以外の社会資源を探し，継続的に連
携を図るようにしましょう。

┌───┐
│ **【事例9-5】児童虐待2：ネグレクトへの対応をどうするか**

　小学校1年生，年長児，2歳児の3人のお子さんのいる家庭。2歳児の
子のおむつ忘れが多く，何度お願いしても準備してくれません。着替えも
していないようで臭いがするし，虫歯も治療できていない様子です。虫歯
について受診を促すと「この前行きました」と言うが，受診の形跡はあり
ません。朝ご飯は「子どもがご飯もパンも食べないから」と，お菓子を食
べさせているようですが，朝のおやつや給食をものすごい勢いで食べます。
└───┘

　このような状態はネグレクトといえます。児童虐待に定義されますが，
この子のために何ができるでしょうか。児童相談所の一時保護という対
応もありますが，その要件には足りません。市の家庭児童相談員や保健
師は，家庭訪問で育児の助言をしてくれますが，園でも言われているこ
となので，「わかりました」と言うだけで，聞いていても何も変わりま
せん。通常，家庭にお願いしていることができていないので，園ではご
飯のおかわりも出して十分に栄養をとってもらうのですが，特別扱いに

なってしまい，「〇〇ちゃんだけいつもしてあげています」「お母さんはスマホを触ったりイヤホンしながら登園してきて，話も聞いてくれないのですよ」と職員の中からも不満が出ています。

【事例9-6】児童発達支援施設を利用している5歳児

　児童発達支援施設の利用を併用してこども園に通園している5歳児について，日頃からできるだけ児童発達支援施設とは連携するように心がけています。7月頃，母親から児童発達支援施設に行きたがらないことを相談されました。本人に理由を聞くと，「怒られるから」ということのようです。

　8月にクラス担任が施設に見学に行きましたが，着席を嫌がる子どもを強引に押さえつけて椅子に座らせたり，注意も細かく威圧しているように感じました。事業者に話を聞いてみると，「集団に慣れていないので，まずは慣れさせないといけない。座ることができないわけだから，座らせているだけ。親御さんもそれを望んでいるから」ということでした。園では，9月頃から離席が目立ち，奇声をあげたり，友だちへの攻撃など落ちつかない様子がみられるようになりました。おもちゃに穴をあけたので注意すると，はさみを持ち出し危険だったので没収しました。本人に「おもちゃを壊したり大切に使わないと，園のおもちゃでは遊べないよ。Aセンター（児童発達支援施設）ではそんなことしないって聞いたんだけど，ずっとAセンターのほうがいいのかな？」と聞くと，ものすごく焦って嫌がりました。様子がおかしかったので，個別に話をすることにしました。

　　保育教諭（以下，保）：Aセンターは，楽しい？
　　園児（以下，児）：楽しくないよ，行きたくない。
　　保：どうして？
　　児：先生が怖いから。
　　保：なにが怖いの？
　　児：〇〇先生が叩くから。
　　保：なんで叩かれるの？
　　児：僕がいじわるしたからだよ。
　　保：いじわるってなにしたの？
　　児：〇〇ちゃんにいじわるしたからだよ。
　　保：そっか，いじわるするのはいけないことだね，でも，先生が叩くのもいけないね。
　　児：あとね，ほっぺも叩くんだよ。
　　保：ほっぺってどこ？
　　児：お顔のここだよ！　知らないの？
　　保：知ってるよ，痛かった？
　　児：うん痛いよ。△△先生も叩くからね。

　このやり取りをした後，記録に残し，上司と相談のうえ，市の家庭児童相談室に報告しました。施設や他機関を利用することは，子どもにとって

は様々な関わりが増えて助けになることが多いものです。しかし，不適切な関わりが子どもの言動に影響を及ぼす場合もあります。日々子どもと接する保育者は，園での関わりをしっかり振り返ることができるように記録し，その際の保育の配慮事項を園で共有しておきます。

　保育に関する不適切な関わりを指摘するニュースを目にすることがあります。子どもの最善の利益を保障する施設が，児童虐待をしているとは思いたくないのですが，問題になる関わりを指摘されたときには，しっかりとした説明責任が発生します。客観的証拠として，映像や音声も必要になるかもしれません。他の施設との連携の際に必要な手段で適切な関わりを説明できるように日頃の記録を見直して，適切に準備しておきましょう。

4．安心につながる連携

　保育の現場で保育者は，子どもと向き合い家庭に寄り添うかけがえのない時間を過ごしています。困難も多いですが，育ち育てられる営みは尊いものです。しかし日常業務におわれてしまい，些細などうでもいいことにこだわりすぎているために，多忙を極めているのだと，ふと気づかされることがあります。行きつ戻りつしながら，成長していく子どもたちとともに成長していく保育者として，日々の保育を大切にしながら，その成長に寄り添えるよろこびを社会に発信していきたいと思います。虐待の増加や少子化により，子どもと育児をとりまく現状が今まで以上に注目されています。保育の仕事も社会における役割が尊重されています。ただ，保育者だけで取り組もうとするのではなく，社会資源や関係機関同士のつながりを密接にすることで，多くの家庭が子育てに前向きに関わることが期待されます。まず保育現場の保育者が地域の社会資源とつながりましょう。「こんな支援があったら助かるのに」と思いついたことがあれば近くの人と協力して新しい支援をつくってみることもいいかもしれません。多くの人の手を借りて育児の困難が減った体験をした人が増えてくれると，今より少し，育児や子育てが楽になるかもしれません。今日の保育の充実が，明日の家庭支援の充実につながります。

◆演習問題

⑴　本章で取り上げた事例を振り返り，一つ選んで，社会資源との連携を進める場合に，どのような取り組みが有効か考えてみましょう。また園内で記録を残す際に書類等で工夫するポイントも考えてみてください。

(2)　関わる施設で児童虐待が起こってしまったとき，フォーマルな社会資源と相談し，連携した状況ではどのような改善がみられるか，考えてみましょう。

(3)　インフォーマルな社会資源と共同して児童虐待を予防する場合に，何に注意するべきか考えてみてください。

引用・参考文献

・内田伸子（2017）『子どもの見ている世界──誕生から6歳までの「子育て・親育ち」』春秋社。

・佐々木正美（1996）『エリクソンとの散歩──生き方の道標』子育て協会。

・吉村直記（2021）『どうせならもっと上手に叱ってくれない？──世界初⁉「子ども目線」による褒め方と叱り方のコツ』すばる舎。

〈ウェブサイト〉

・厚生労働省（2019）「保育所におけるアレルギー対応ガイドライン（2019年改訂版）」（こども家庭庁ホームページ　https://www.cfa.go.jp/assets/contents/node/basic_page/field_ref_resources/e4b817c9-5282-4ccc-b0d5-ce15d7b5018c/fb19f15a/20231016_policies_hoiku_37.pdf　2023年11月15日アクセス）。

第10章
子ども家庭支援に関する政策

【本章のポイント】
○日本の子ども家庭支援施策の背景を理解しましょう。
○子ども子育て支援制度の現状を理解しましょう。
○現行制度に至るまでの経緯を理解しましょう。

2023（令和5）年4月，こども家庭庁が発足しました。子ども関連施策の「司令塔」ともいうべき役割を果たす，新しい組織の誕生です。なぜ，こども家庭庁のような省庁が必要とされたのでしょうか。その経緯と現状について学習しましょう。

1　子育て施策の背景

1．「男性稼ぎ主モデル」の揺らぎ

日本は高度経済成長期（1950年代〜1973年）を経て，国民所得が増加し，1970年代には「一億総中流社会」と呼ばれるほど国民の生活は豊かになりました。1980年代にかけて，企業に雇用された男性が経済労働を行い，専業主婦がそれを支える「**男性稼ぎ主モデル**[1]」が目指されました。政府は，1980年代以降，配偶者控除の充実や，専業主婦に老齢年金を保障するなどの仕組みを整えました。しかし子育てはそれぞれの家庭の問題とされ公的支出は十分に整備されませんでした。

同時に，1985（昭和60）年，「**男女雇用機会均等法**[2]」が策定されるなど，女性の社会進出が後押しされました。共働き等世帯数の推移については，第1章にも示した通りです（図1-2参照）。

1990年代の前半に「専業主婦世帯」と共働き世帯がほぼ同数となり，1997（平成9）年以降，共働き世帯数のほうが多くなっています[3]。1990年代の後半を境に，日本の国際的な競争力は低下し，国の経済力の指標とされるGDP（国内総生産）は伸び悩んでいます。そのことにより，たとえば「給料がなかなか上がらない」という状況が生まれます。日本の

▷1　**男性稼ぎ主モデル**
曽我（2013：371）では，「日本型福祉レジーム」とされ，これにより，「家族形成や子育てに関する公的支援が低水準に止められた」と説明されている。

▷2　**男女雇用機会均等法**
職場における男女の均等な取扱い等を規定した法律で，正式名称は「雇用の分野における男女の均等な機会及び待遇の確保等に関する法律」。2020年には，職場におけるセクシュアルハラスメント及び妊娠・出産・育児休業等に関するハラスメント防止対策が強化された。

▷3　「男は外，女性は家」という古い価値観が急激に転換したわけではない。現在も，経済的な理由から共働きをせざるを得ない家庭が増加しつつあるといわれている。

給与水準は，2023（令和5）年の時点で約20年前とほとんど変わっていません。経済的に厳しい家庭では，習い事等に係る一般的教育費，高等教育における学費等を支出することが難しくなっています[4]。したがって，子育てに関する公的支出（家族関係支出）の増加が求められています。

2．少子化対策と次世代育成支援

少子化の原因は，「未婚化・晩婚化」であるとされています。男性が会社で経済労働をし，女性は家で家事労働に従事するという性別役割分業のあり方が，徐々に見直されてきています。男女平等の観点からみれば，このような社会の変化自体は望ましいことであるといえます。しかし，より大きな未婚化の要因は経済的な問題であり，婚姻件数・婚姻率は減少傾向が続いています。

日本の少子化は深刻な水準です。本書の冒頭でもふれた通り，**合計特殊出生率**は，**人口置換水準**の2.07を大きく下回り[5]，1.3付近で推移しています（図1-1参照）。2022（令和4）年には，推計を大幅に上回る速度で出生数が80万人を割り込みました（77万人）。

少子化の危機が認識されたのは，1989（平成元）年の「1.57ショック」がきっかけであったとされています。国は，以降少子化対策として様々な政策を打ち出してきました（表10-1）。

2003（平成15）年に成立した「少子化社会対策基本法」に基づき，2004（平成16）年（第一次）から2020（令和2）年（第四次）まで，「少子化社会対策大綱」が定められ，少子化に対処するための施策の方針とされました。基本的目標として「希望出生率1.8」を掲げ，「男女が互いの生き方を尊重しつつ，主体的な選択により，希望する時期に結婚でき，かつ，希望するタイミングで希望する数の子どもを持てる社会」を目指すとしています。主な施策には，「結婚支援」「妊娠・出産への支援」「仕事と子育ての両立」「地域・社会による子育て支援」「経済的支援」などが含まれています。経済的支援のメニューとしては，「児童手当」「高等教育の就学支援」「幼児教育・保育の無償化」などがあり，政府による家族関係支出は徐々に拡大しつつあります。

同じく2003（平成15）年に成立した2025（令和7）年までの時限立法である「次世代育成支援対策推進法」は，国による行動計画の策定を義務づけており，それに基づいて都道府県・市町村等の地方公共団体は行動計画を策定することができるとされています。またこの法律は，企業等の一般事業主にも行動計画の策定を求めるものです。

これらの施策のもと（表10-1），2000年代後半には微増傾向を示した

▷4　経済協力開発機構（OECD）が発表した，国内総生産（GDP）に占める教育機関への公的支出の割合（2019年時点）によると，日本は2.8％と，データのある加盟37か国中36位であるのに対し，2020年時点の日本で高等教育を受ける学生の私立教育機関に在籍する割合は79％と，OECD平均（17％）の4倍以上となっている（『読売新聞オンライン』2022年10月4日より）。

▷5　合計特殊出生率，人口置換水準
第1章注▷1・▷2を参照。

表10-1　少子化・次世代育成関連施策

1990（平成2）年	●エンゼルプラン
1999（平成11）年	●新エンゼルプラン
2003（平成15）年	□少子化社会対策基本法
2003（平成15）年	□次世代育成支援対策推進法
2004（平成16）年	○少子化社会対策大綱（第一次）
2005（平成17）年	子ども・子育て応援プラン
2010（平成22）年	子ども・子育てビジョン
2010（平成22）年	○少子化社会対策大綱（第二次）
2012（平成24）年	□子ども子育て関連三法
2013（平成25）年	▲待機児童解消加速化プラン
2015（平成27）年	○少子化社会対策大綱（第三次）
2015（平成27）年	□子ども・子育て支援新制度
2017（平成29）年	▲子育て安心プラン
2020（令和2）年	○少子化社会対策大綱（第四次）
2021（令和3）年	▲新子育て安心プラン

注：同記号は，連続性のある施策を示す。
出典：筆者作成。

ものの，合計特殊出生率は上昇せず，2023年（令和5）年現在，出生数は下降の一途をたどっています。これらの政策が出生率を高める効果は限定的であったといわざるを得ません。

3．待機児童の解消に向けて

　2010年代後半，待機児童問題が政治的な問題として認識されるようになりました。当時の第二次安倍内閣では，「一億総活躍社会」を目指すとされていたにもかかわらず，保育所等施設の入所定員が不足していたため，保育所等に入所することのできない子どもが多くいました。子どもが保育所に入所できないと，特に日本においては，女性が就労を断念するケースが多くなりがちです。「一億総活躍社会」は，女性就業率の増加を目指す施策です。そのため，待機児童問題は避けることのできない政治的課題となりました。

　2013（平成25）年の「待機児童解消加速化プラン」，2017（平成29）年の「子育て安心プラン」，2021（令和3）年の「新子育て安心プラン」により，女性就業率の上昇にともない必要となる保育の受け皿を整備しようとしています。◁6

　待機児童問題の背景には子どもの入所定員の不足があり，さらにその原因の一つには，保育者（保育士・幼稚園教諭・保育教諭等）不足があります。保育所等で働く保育者がいなければ，保育施設は子どもを受け入

▷6　保育の受け皿整備は，少子化社会対策大綱において「仕事と子育ての両立」施策と位置づけられている。

表10-2　待機児童数の推移（4月1日現在）

年	待機児童数	増減数
2013	22,741人	−2,084
2014	21,371人	−1,370
2015	23,167人	＋1,796
2016	23,553人	＋386
2017	26,081人	＋2,528
2018	19,895人	−6,186
2019	16,772人	−3,123
2020	12,439人	−4,333
2021	5,634人	−6,805
2022	2,944人	−2,690
2023	2,680人	−264

出典：筆者作成。

れることができません。したがって，保育者不足の解消手段として，保育者の処遇改善が目指されることになりました。待機児童数は順調に減少しているようにみえます（表10-2）。保育の受け皿整備は，保育の量的な拡大を目指す施策ですが，同時に「保育の質」の向上が課題となっています。

2 子ども・子育て支援制度

　2015（平成27）年，「子ども子育て支援新制度」がスタートしました。次世代育成施策として，大きな制度変更をともない，「戦後最大の保育制度改革」ともいわれます。この「新制度」を基本とし，それ以後「幼児教育無償化」が実現するなど制度的な修正・変更をともないながら，2023（令和5）年現在，子ども子育て支援制度として運用されています。制度の全体像をみていきましょう。

1．子ども・子育て支援制度の全体像

（1）制度の概要

　子ども・子育て支援新制度の発足に先立って，**子ども子育て関連三法**が成立しました。これにともない，幼保連携型認定こども園が「学校及び児童福祉施設」として「新設」されました。

　また，内閣府に「子ども子育て会議」が設置されました。加えて，各自治体にも「地方版子ども子育て会議」が設置され，各地域へのニーズ調査に基づき，地域子ども・子育て支援事業（本節3項で後述）の利用

▷7　**子ども子育て関連三法**
子ども・子育て支援法，認定こども園法の一部改正法，それにともなう児童福祉法等関係法律の整備法のことを指す。

定員が調整されることになりました。地方版子ども子育て会議において
は，5年を一期とする「子ども・子育て支援事業計画」が策定されるこ
ととされています。

　こども家庭庁（第3節で詳述）創設後，子ども子育て会議はこども家
庭庁の所管とされ，「こども審議会」と名称を変えています。

（2）幼児教育・保育の無償化
　2019（令和元）年，幼児教育・保育の無償化が開始されました。幼稚
園・保育所・認定こども園などを利用する3歳から5歳児クラスに相当
する子どもたち，住民税非課税世帯の0歳から2歳児クラスまでの子ど
もたちの利用料が無料となりました。

　しかし，待機児童数はゼロになったわけではなく，「認可外保育施設」
に通う子どもたちも多くいるのが現状です。したがって，3歳から5歳
までの子どもは月に3万7000円まで，0歳から2歳までの子どもは月に
4万2000円までの利用料が無料とされています。また，認可外保育施設
に加えて，一時預かり事業，病児保育事業，ファミリー・サポート・セ
ンター事業もその対象とされています（本節3項で後述）。

2．保育に関する制度

（1）保育の必要性認定と必要量認定
　保育を利用する際には，住んでいる自治体に申請することになります。
子どもの年齢と保護者の状況に応じて，子どもが1〜3号の認定を得ら
れれば，施設型保育・地域型保育事業を利用することができます（表
10-3）。認定区分に応じて利用可能な施設・事業は異なります（表10-
4）。また同時に，保育の必要量も認定の対象となり，「保育標準時間」
(11時間) と「保育短時間」（8時間）認定に分かれます。

（2）施設型保育
　先ほども述べた通り，子ども・子育て支援新制度が発足した2015（平
成27）年当時，待機児童数の減少が大きな課題となっていました。した
がって保育の受け皿の拡大がなされました。同時に，幼稚園・保育所・
認定こども園が施設型保育として整理されました（表10-4）。認定こど
も園は，幼稚園や保育所から移行する場合が多くなっています。

（3）地域型保育事業
　待機児童は，そのほとんどが0歳から2歳までの子どもです。した

表10-3　保育認定区分

認定区分	保育の必要性	子どもの年齢
1号認定	なし	3歳以上
2号認定	あり	3歳以上
3号認定	あり	0歳から2歳

出典：筆者作成。

表10-4　施設型保育

施設型保育	
幼稚園（1号認定）	
保育所（2・3号認定）	
認定こども園 （1・2・3号認定）	幼保連携型 幼稚園型 保育所型 地方裁量型

出典：筆者作成。

表10-5　地域型保育事業の全体像

地域型保育事業（3号認定）				
事　業		子ども数	職　員	特　徴
居宅訪問型保育事業		1名	必要な研修を修了し，保育士，保育士と同等以上の知識及び経験を有すると市町村長が認める者	保育を必要とする子どもの居宅における保育
家庭的保育事業		1～5名	家庭的保育者（＋家庭的保育補助者）	保育者の居宅，その他の場所・施設において保育
小規模保育事業	A型	6～19名	保育士	保育者の居宅，その他の場所・施設において保育
	B型		2分の1以上が保育士	
	C型		家庭的保育者	
事業所内保育事業		19人以下	小規模保育事業A型・B型の基準と同様	事業所の従業員の子ども＋地域の保育を必要とする子ども（地域枠）
		20人以上	保育所の基準と同様	

出典：筆者作成。

がって子ども・子育て支援新制度では，0歳から2歳までの子どもの受け皿として，「地域型保育事業」が創設されました。地域型保育事業は，表10-5の通り多様な形態がありますが，その特徴は「3歳未満の子どもを対象」「19人以下の小規模」であることです。これらの事業所においても，保育所保育指針に準拠した保育が行われることとなっています。保育の量の拡充のために，一部の事業では保育士資格をもたない職員の活用も可能とされています。

（4）企業主導型保育事業

　国は，多様な主体が保育事業に参入できるよう，規制を緩和しています。企業主導型保育事業は，国主体の事業であり，「仕事・子育て両立支援事業」の一環として実施されています。この事業は，事業所内保育を主軸として，多様な就労形態に応じた保育サービスの拡大を支援するものであり，施設整備費や運営費を助成しています。

３．地域子ども・子育て支援事業

　保育制度の変更とあわせて，子育て支援制度も充実しました。保育施設の入所定員の確保だけでなく，子育てに関するきめ細かいニーズに対応するため，多くの事業が整備されました。地域子ども・子育て支援事業については，後の第13章にまとめています（表13‒1参照）。

３　こども施策の展開

１．こども基本法

　こども基本法は，2022（令和４）年６月に成立し，2023（令和５）年４月に施行されました。こども基本法は「こども施策を社会全体で総合的かつ強力に推進していくための包括的な基本法」です。こども基本法は，全部で３章からなります（表10‒6）。

（1）目　的
　こども基本法の第１条（目的）は以下の通りです。

第１条　この法律は，日本国憲法及び児童の権利に関する条約の精神にのっとり，次代の社会を担う全てのこどもが，生涯にわたる人格形成の基礎を築き，自立した個人としてひとしく健やかに成長することができ，心身の状況，置かれている環境等にかかわらず，その権利の擁護が図られ，将来にわたって幸福な生活を送ることができる社会の実現を目指して，社会全体としてこども施策に取り組むことができるよう，こども施策に関し，基本理念を定め，国の責務等を明らかにし，及びこども施策の基本となる事項を定めるとともに，こども政策推進会議を設置すること等により，こども施策を総合的に推進することを目的とする。（下線は筆者）

　第１条では，こども基本法の根拠が日本国憲法・児童の権利条約にあること，すべての子どもの権利擁護と幸福が目指されていること，そのために社会全体で子ども施策に取り組むことなどが明記されています。

（2）定　義
　第２条（定義）では，こども基本法における「こども」とは，「心身

表10-6　こども基本法の全体像

第1章　総則	第1～8条	目的，定義，基本理念　等
第2章　基本的施策	第9～16条	こども施策に関する大綱 都道府県こども計画等， こども施策に対するこども等の意見の反映　等
第3章　こども政策推進会議	第17～20条	組織等

の発達の過程にある者」と定義され，明確な年齢は規定されていません。そして，「こども施策」とは，「次に掲げる施策その他のこどもに関する施策及びこれと一体的に講ずべき施策」とされ，「次」として挙げられているのは以下の施策です。

① 新生児期，乳幼児期，学童期及び思春期の各段階を経て，おとなになるまでの心身の発達の過程を通じて切れ目なく行われるこどもの健やかな成長に対する支援

② 子育てに伴う喜びを実感できる社会の実現に資するため，就労，結婚，妊娠，出産，育児等の各段階に応じて行われる支援

③ 家庭における養育環境その他のこどもの養育環境の整備

（3）基本理念

第3条（基本理念）は，以下の通りです。

第3条　こども施策は，次に掲げる事項を基本理念として行われなければならない。

一　全てのこどもについて，個人として尊重され，その基本的人権が保障されるとともに，差別的取扱いを受けることがないようにすること。

二　全てのこどもについて，適切に養育されること，その生活を保障されること，愛され保護されること，その健やかな成長及び発達並びにその自立が図られることその他の福祉に係る権利が等しく保障されるとともに，教育基本法（平成18年法律第120号）の精神にのっとり教育を受ける機会が等しく与えられること。

三　全てのこどもについて，その年齢及び発達の程度に応じて，自己に直接関係する全ての事項に関して意見を表明する機会及び多様な社会的活動に参画する機会が確保されること。

四　全てのこどもについて，その年齢及び発達の程度に応じて，

> その意見が尊重され，その最善の利益が優先して考慮されること。
>
> 五　こどもの養育については，家庭を基本として行われ，父母その他の保護者が第一義的責任を有するとの認識の下，これらの者に対してこどもの養育に関し十分な支援を行うとともに，家庭での養育が困難なこどもにはできる限り家庭と同様の養育環境を確保することにより，こどもが心身ともに健やかに育成されるようにすること。
>
> 六　家庭や子育てに夢を持ち，子育てに伴う喜びを実感できる社会環境を整備すること。

　一〜四号は，「全てのこどもについて」という言葉で書きだされています。一・二号では，こども個人の尊重・基本的人権の保障として，適切な養育環境や教育機会が確保されることが謳われています。こどもに関わる「権利擁護」の視点が強調されています。三号には，こどもの「意見表明権」が明記され，四号で最善の利益が考慮されつつ，その意見が尊重されるべきことが謳われています。

　五号では，家庭に対する支援や社会的養育に関する基本的考えが明記されています。六号では，子育てが喜びと結びつく社会環境の整備が目指されています。

　「全てのこども」が繰り返し強調されている点は重要です。今後こども施策において，生まれもった個人の特性や成育環境にかかわらず，全てのこどもの利益が考慮されるかどうか，見守る必要があるといえます。

（4）こども施策に対するこども等の意見の反映
　第11条（こども施策に対するこども等の意見の反映）は以下の通りです。

> 第11条　国及び地方公共団体は，こども施策を策定し，実施し，及び評価するに当たっては，当該こども施策の対象となるこども又はこどもを養育する者その他の関係者の意見を反映させるために必要な措置を講ずるものとする。

　第11条は，こども施策にこどもやその保護者の意見を反映することが明記されているという点で画期的なものです。特に，こどもの意見表明

権が強調されている点が重要です。今後，国や自治体がこどもの意見表明の機会をどのように設けていくのか，また実際のこども施策にこどもの声がどのように反映されていくのか（あるいはされないのか）が注目されます。

（5）その他の体制面に関する条文

そのほか，政府はこども施策に関する基本的方針である「こども大綱」を策定すること（第9条），それに基づき，都道府県や市町村は「こども計画」を策定することが努力義務であること（第10条）などが示されました。また，政府には「こども政策推進会議」という特別な機関が設置され，こども大綱の案の作成や，こども施策に関する重要事項の審議，こども施策の実施の推進を担うことも明記されています（第17条）。

2．こども家庭庁

2022（令和4）年6月に，こども家庭庁設置関連法案が成立しました。それにともない，2023（令和5）年4月1日に，こども家庭庁が発足しました。「こどもまんなか社会」をスローガンとして，政府における子ども子育て関連施策の「司令塔」の役割を果たすことをその役割としています。

こども家庭庁が発足したことで，保育所と認定こども園はこども家庭庁の管轄となりました。一方で，幼稚園の管轄は文部科学省のままで，こども家庭庁には移管されませんでした。

こども家庭庁は，大きく「成育局」と「支援局」とに分かれています。成育局はすべての子どもに関わる施策，支援局は特に支援が必要な子どもに関わる施策を担当します（こども家庭庁，2021）。

2023（令和5）年現在，今後のこども政策の基本理念として，以下の点が挙げられています（こども家庭庁，2021）。

・子どもの視点，子育て当事者の視点に立った政策立案
・全てのこどもの健やかな成長，Well-being の向上
・誰一人取り残さず，抜け落ちることのない支援
・こどもや家庭が抱える様々な複合する課題に対し，制度や組織による縦割りの壁，年齢の壁を克服した切れ目ない包括的な支援
・待ちの支援から，予防的な関わりを強化するとともに，必要なこども・家庭に支援が確実に届くよう**プッシュ型支援**，アウトリーチ型支援に転換

▷8　**プッシュ型支援**
アウトリーチ型支援（第8章注▷11）と同様，行政機関による能動的な支援。もともとは自然災害等の被災地に対し，要請を待たずに国が支援物資を送るという支援方法を指す。行政機関窓口への申請を待たずに，必要と考えられる支援を行うことを指すと考えられる。

・データ・統計を活用したエビデンスに基づく政策立案，PDCA サイクル（評価・改善）

　こども家庭庁が，よりよいこども施策の実現に向けて適切に機能するのかどうか，注視していく必要があります。

◆演習問題

(1)　日本の子ども家庭支援施策の問題点を指摘してください。
(2)　現行の保育制度を踏まえ，自分が住んでいる自治体の保育施設や地域型保育事業について調べてみましょう。
(3)　こども家庭庁に期待される役割は何でしょうか。

引用・参考文献
・曽我謙悟（2013）『行政学』有斐閣。
・内閣府・文部科学省・厚生労働省（2016）『子ども・子育て支援新制度なるほどBOOK』。
〈ウェブサイト〉
・こども家庭庁（2021）「こども政策の新たな推進体制に関する基本方針～こどもまんなか社会を目指すこども家庭庁の創設～」（令和3年12月21日閣議決定）「今後のこども政策の基本理念」より（https://www.cfa.go.jp/assets/contents/node/basic_page/field_ref_resources/fc1c7995-a384-40ef-b30a-4b394e122ceb/d5e78929/20211221_policies_kihon_housin_01.pdf 2023年11月16日アクセス）。

【本章のポイント】
○保育士等が行う子ども家庭支援における留意点を理解しましょう。
○支援が難しい保護者に対する保育士等の関わりについて学びましょう。
○子どもの事情から，対象となる子ども家庭支援の実際について理解しましょう。
○保護者の事情から，対象となる子ども家庭支援の実際について理解しましょう。

1 子ども家庭支援の内容

　各章でも繰り返し取り上げられていますが，現代の日本社会においては，少子化や家族形態の複雑化，そして地域社会におけるつながりの弱体化など，子育て家庭をとりまく状況は厳しさを増しています。また，社会の子育て家庭に向けられるまなざしは温かいものばかりではなく，ベビーカーに赤ちゃんを乗せて電車に乗ろうとしたら，他の乗客から暴言を吐かれたというお母さんの声をインターネット等でよく目にします。子育て家庭に向けられる温かなまなざしを社会全体で共有する必要があると考えられます。

　本節では，子ども家庭支援の内容（面談なども含む）について，支援者である保育者と，当事者である保護者の問題意識の差に着目して説明していきます。

1．保護者と保育者の双方に問題意識がある場合

　保護者も保育者も，課題について目標を共有している場合が挙げられます。以下の事例をもとに，考えてみましょう。

【事例11-1】小学校はどこで学ぶのが一番いいの？
　カオル君は保育園の年長クラスに在籍しています。カオル君は ADHD の診断を受けており，週4回は保育園に通い，週2回は児童発達支援センターに通っています。5月のある日，担任のアキ先生は，カオル君のお母さんから相談を受けました。お母さんは，「保育園でケンカすることも減り，毎日とても楽しそうなカオルを見ているとうれしい。でも，小学校で

普通学級に通うのがよいのか，特別支援学級に通うのがよいのか迷っている」とアキ先生に打ち明けました。アキ先生は，お母さんがカオル君の就学先で迷うことは親として当然の気持ちだと伝え，以下のように話しました。「8月に**就学相談**[◁1]がありますが，その前に一度，カオル君のご両親，私と園長，そして児童発達支援センターのスタッフで，カオル君の就学先について考える場を設けませんか」。お母さんは「先生たちも一緒にカオルの今後を考えてくれると知って安心しました」と笑顔でアキ先生に話しました。

　後日カオル君の就学について話し合うケース会議が開かれ，現在のカオル君は集団になじめており，通常学級で学ぶことが可能であることが全体で共有されました。カオル君のお母さんは，カオル君の**通級指導教室**[◁2]利用の申し込みをすることになりました。

　事例のように，保護者と保育者が子どもの課題や今後の目標を共有している場合は，保育者は，保護者の迷いや悩みを受け止めたうえで，保護者が自己決定できるよう支援する必要があります。アキ先生は，カオル君の就学先について，決して自分から「通常学級がよいでしょう」とか「特別支援学級がよいでしょう」といった意見を言いませんでした。カオル君の現在の育ちと課題について保育園だけでなく児童発達支援センターのスタッフも交えて話し合ったことで，カオル君のお父さん・お母さんは，カオル君にとって最もよい選択肢について考えるきっかけを得ることができたようです。子どもの発達についての保護者の考えは，時には父親と母親でズレがある場合もあります。そこでアキ先生は，ケース会議には両親とも参加してもらうようお母さんに働きかけました。父親と母親の意識にズレがあると認められた場合は，カオル君の就学先についてより丁寧に話をする必要があると考えたからです。事例のように，保護者と保育者が問題意識を共有している場合も，保育者には丁寧に保護者に寄り添う姿勢が求められます。

2．保護者のみに問題意識がある場合

　では次に，保育者は子どもについて課題や問題を感じていないが，保護者は課題や問題を強く感じている場合について，事例をもとに考えてみましょう。

【事例11-2】うちの子は言葉が遅れていますか？
　カナちゃんは1歳6か月の女の子で，保育園の1歳児クラスに在籍しています。担任のマサト先生はカナちゃんについて，単語も少しずつ増えて

きて，順調に発達していると感じていました。ある日連絡帳に，お母さんから以下のように書いてありました。「うちの子は家でほとんど話しません。私はカナの言葉を『ママ』としか聞いたことがありません。先生，うちの子は他の子より言葉が遅れているんでしょうか？　何か私の子育てが悪かったからカナはしゃべれないんでしょうか？　園での様子を教えていただけるとありがたいです」。マサト先生は，お母さんの悩みが園のカナちゃんの姿からは想像できなかったので驚きました。マサト先生が主任の先生に相談すると，まずはお母さんの不安を受け止めるよう助言されました。そこで以下のように返事を書きました。「お母さまもカナちゃんがお話しする言葉を聞きたいですよね。お母さまにはカナちゃんのことでご心配がたくさんあると感じましたので，明日お迎えの際，少しお話しさせていただけないでしょうか」。

　翌日お迎えの時にマサト先生はカナちゃんのお母さんと話をし，園では順調に言葉が出ていること，発達の面で気になる所はみられないが，お母さんの心配する気持ちはよくわかることを伝えました。するとお母さんは，最近カナちゃんと接する時間がほとんどないこと，お父さんの単身赴任が急に決まり，引っ越しの準備などでイライラし，お母さん自身も家でほとんど話さなかったことを涙を流しながら語りました。「私自身が余裕をもたないといけませんね」とカナちゃんのお母さんは少し笑顔になって話しました。

　カナちゃんのお母さんは，カナちゃんが家庭でほとんど話さないことに不安を感じ，連絡帳を通してマサト先生に相談をしてきました。マサト先生からみると，カナちゃんは年齢相応に発達しており，特に気になる様子は見当たらない子どもでした。園でカナちゃんが言葉を発している事実をそのまま連絡帳に書くと，お母さんが「自分の子育てが悪いから子どもが家では話さないのかもしれない」と自分を責めてしまう心配がありました。そこでマサト先生は，カナちゃんのお母さんと直接話す機会を作り，お母さんの不安に耳を傾けることにしたのです。するとお母さんは，家庭環境の変化からお母さん自身の気持ちに余裕がなくなっていることをマサト先生に打ち明けました。お父さんもお母さんも余裕がなく，どことなく緊張感のある雰囲気に，カナちゃんは萎縮してしまい，家庭の中であまり話さなかったのかもしれません。マサト先生も，カナちゃんのお母さんが自分で子どもへの関わり方を見つめることができるように，お母さんを支援しています。保護者と保育者のあいだで子どもへの理解にズレがある場合，保育者は保護者の気持ちに丁寧に寄り添い対応する必要があります。

3．保育者のみに問題意識がある場合

　次は，保育者は子どもの課題に気づいているが，保護者は子どもの課題に気づいていない場合について，事例をもとに考えてみましょう。

▷3　3歳児健診
乳幼児健康診査の一つであり，満3歳の幼児の健康面，発達面の成長を評価する。3歳児健診で発達の遅れや発達の凸凹を指摘されることも多く，健診で突然子どもの発達の課題に直面するとショックを受ける保護者も少なからず存在する。そのため，保育者は，受診するまでにあらかじめ子どもの「気になる」様子や保護者の子どもに対する心配事について，保護者と話しておくのが望ましい。

> **【事例11-3】家では気になるところはありません**
>
> 　ユミちゃんは保育園の3歳児クラスに在籍しています。ユミちゃんはこだわりが強く，他の子どもが自分の遊んでいるところに来ると泣き，怒って相手を叩きます。大きな音が苦手で，保育室の中で他の子どもが泣くと，耳を両手でおさえてロッカーの中にもぐりこみます。お話しするのは大好きですが，自分の好きなことだけを一方的に話すことが多い状況です。担任のケイコ先生は，7月の3歳児健診の前に，ユミちゃんのお母さんとお話しして，園でユミちゃんが困っていることについて伝えたいと思いました。個人面談の際に，ケイコ先生はユミちゃんのお母さんに，ユミちゃんが園で困っていることについて伝え，3歳児健診の際に保健師に相談してみてはと勧めてみました。するとお母さんは怒った様子で「家では何も困ったことはありません。ユミは一人っ子で人見知りだから，お友だちとうまく遊べないんです」と言いました。
>
> 　ケイコ先生は，"お母さんはユミちゃんが園で困っているということを認めたくないのかもしれない"と感じ，ユミちゃんのことをこれからも見守っていくことをお母さんに伝えました。するとお母さんは少し落ち着き，「そういえば，ユミは赤ちゃんの時から大きな音や初めて行く場所が苦手でした。繊細な子どもだなとしか思っていませんでした」とつぶやきました。ケイコ先生は「ユミちゃんははじめてのお子さんなので，わからないことがあって当然です。これからも一緒にユミちゃんの成長を見守っていきましょう」と伝えると，お母さんはうなずきました。

　ユミちゃんのお母さんは，ユミちゃんの園での様子をケイコ先生から伝えられた時に，「家では気になることはありません」と返答しています。ユミちゃんのお母さんのように，園での気になる子どもの様子を伝えた時に，「家では気になる様子は見られない」と返答する保護者は少なくありません。保育園は集団生活を送る場なので，ユミちゃんのようにコミュニケーションに課題を抱えている子どもは困ることが増えます。しかし家庭では，特定の家族との関係の中で変化の少ない生活を送ることが可能です。そのため，子どもが困っている状況が生じにくいのです。事例では，ケイコ先生はユミちゃんのお母さんの思いを否定せず，受け止めました。すると，お母さんは「大きい音や初めての場所が苦手」なユミちゃんの様子に違和感を感じていたことをケイコ先生に打ち明けました。このように保護者には子どもに対する問題意識が少なく，保育者のみが問題意識を有している場合には，お互いの意識のずれを修正し，

「一緒に子どものことを考える」姿勢を保育者が保護者に示し続けることが重要になってきます。

　これら3つの事例が示しているように，保育者は自らの価値観だけで保護者を支援するのではなく，保護者と「一緒に」子どものことを考え，保護者が自己決定する機会を支援することが重要です。

▷2　子ども家庭支援の対象(1)
──子どもの事情から対象とすること

　本節では，子ども家庭支援の対象を，「子どもの事情」から考えていきます。

1．発達面の問題

　子どもに発達面の問題や疾患がみられる場合，子ども本人に加えて家庭への支援が必須になってきます。たとえば，出生後すぐに子どもの障がいや疾患が判明する場合（ダウン症などの疾患，重度の脳性麻痺，聴覚障害や視覚障害，医療的ケアが必要な子どもなど），子どもは医療機関で発達早期のケアを受けるとともに，保護者のケアに関しても早期から行われることが多いと考えられます。また，子どもが保育園に入所する以前から，療育機関に通っている場合もあります。保育者は医療機関や療育機関と連携を取りながら，集団生活における子どもの育ちを支援することが必要であり，家庭と連携を取りながら子どもを支援していくことになります。

　一方で，**知的能力障害**や**自閉スペクトラム症（自閉症スペクトラム障害：ASD）**，ADHDなどの発達障害に関しては，子どもが成長するとともにその子どもの困難感が強くなっていく場合があります。本章第1節の3項でも述べましたが，子どもに発達面の遅れや発達障害の疑いがみられる場合でも，家庭の中では子どもが困っている状況が顕在化しにくいこともあります。そのため集団生活である保育園の生活の中で子どもが困っている状況が顕在化し，保育者のほうが保護者より先に子どもの発達面の問題に気づく場合も少なくありません。熱意ある保育者は，できるだけ早く子どもの発達面の問題を保護者と共有したいと思うかもしれません。しかし，保護者の子どもに対する心配と保育者の心配がずれてしまうと，その後の支援につながることが難しい場合があります。保育者は保護者の子どもに対する思いを丁寧に受け止めるとともに，保護者の葛藤する（たとえば「子どもの発達の遅れを認めたくない気持ち」と，

▷4　知的能力障害
知的能力（概念的，社会的，実用的）および適応能力の欠陥であり，それぞれの領域の遅れがどの程度顕著であるかにより，軽度，中等度，重度，最重度に分けられる。

▷5　自閉スペクトラム症（自閉症スペクトラム障害：ASD）
発達障害の一つであり，社会的コミュニケーション能力と対人的相互反応の持続的な欠陥（言葉の裏の意味を読み取ることが難しいなど），行動や興味，活動への限定された反復的な行動様式（こだわり行動など）を主症状とする。

「他児と比べるとやはり遅れているのかもという気持ち」の間で揺れ動く）気持ちに寄り添っていく支援が必要となります。

2．情緒面の問題

　子どもに情緒面（気持ちの面）での問題がみられる場合もあります。たとえば，乳児期においては夜泣きが激しい，極端な対人緊張等，幼児期においては場面緘黙◁6や夜尿，（心理的な要因による）吃音◁7，登園渋り等が挙げられます。

　ここで事例をもとに，子どもの情緒面の問題が顕在化した場合の子ども家庭支援の実際について考えてみましょう。

【事例11−4】保育園だいきらい！

　チハル君は3歳児クラスに在籍しています。2歳児クラスまでは順調に登園していましたが，3歳児クラスになると毎朝泣きながら保育園に来るようになりました。担任のミホ先生が声をかけても，「保育園だいきらい！」と言って逃げ回ります。お母さんも，「毎日，保育園に連れてくるまでが大変です」と疲れた様子でミホ先生に語ります。ミホ先生は，どうしたらチハル君が保育園に楽しんで来られるかを考えるため，チハル君の行動を観察することにしました。朝，お母さんと離れたチハル君は，しばらく園庭のすみに座って泣いています。やがて落ち着くと，園庭のニワトリ小屋の前に行き，ニワトリの様子をじっと見ていることにミホ先生は気づきました。

　そこでミホ先生はチハル君に，5歳児のお仕事であるニワトリのお世話係のお手伝いをお願いすることにしました。朝，5歳児のお当番さんと先生が一緒に鳥小屋に入り，エサや水を替えたり，鳥小屋のそうじをしたりするのがお世話係の仕事です。チハル君は毎日鳥のお世話を行い，泣かずに園に来られるようになりました。ミホ先生がお母さんにチハル君の成長を報告すると，お母さんも喜び，「実は私が妊娠中で，4月頃少し体調が悪かったんです。チハルはそんな私の様子が心配で，私から離れるのが不安になって登園渋りがひどくなっていたのかもしれません。先生のアイデアのおかげでチハルは保育園がますます好きになったみたいです」と笑顔で語りました。

　保育園に子どもを預けている保護者の多くは仕事をしているため，朝の時間はとても忙しくなります。そんな時に園に行きたくないと子どもが訴え，泣いたり怒ったりすることは，保護者にとってとてもストレスがかかります。大人は子どもの登園渋りに対して，どうしてもその原因を明らかにしようと思いがちですが，多くの場合，原因は一つではなく，実は登園渋りという行動の背景には様々な要因が影響していることが多いものです。ミホ先生は，チハル君の登園渋りの原因を探ることよりも，

▷6　場面緘黙
特定の場所（保育所など）で一貫してまったく話すことができなかったり，特定の友だちとしか話せなかったりする症状を示す。症状の現れ方には個人差があるが，個別の配慮と支援が必要になることも多い。

▷7　吃音
言語障害の一種であり，言葉が流ちょうに発音できず途中でつまってしまったり，初めの言葉が出てきにくいなどの特徴を示す。療育機関による個別の支援と配慮が必要な場合もあるが，幼児期に吃音が出現する子どもは一定数おり，成長とともに症状が消失する場合もある。

「どうしたらチハル君が楽しく園で過ごせるか」を第一に考えました。
すると，チハル君がニワトリを好きなことがわかったのです。ニワトリ
のお世話係という3歳児には少し難しい役割を，5歳児のお兄さんお姉
さんたちと一緒に行うという経験は，チハル君にとってとてもワクワク
するものだったことでしょう。こうしてチハル君の登園渋りは解消し，
チハル君のお母さんの朝のストレスも減りました。この事例は子どもが
生活する場という保育所の特徴を活かした家庭支援の一つのあり方を示
しています。みなさんも，登園渋りを示す子どもと出会った時，その原
因を考えると同時に，「どうすればその子がより園を楽しめるか」と考
えて支援することを忘れないでいてほしいと思います。

3 子ども家庭支援の対象(2)
──保護者の事情から対象とすること

　次に，保育者が行う子ども家庭支援の対象として，保護者の様々な事
情を考えてみましょう。

1. マルトリートメント（児童虐待を含む）

　友田明美（2019：18-19）は，子どもに対する不適切な関わりを「マル
トリートメント（maltreatment）」と定義しています。たとえば，人格を
否定する発言，大声で叱責する，体罰を加える，脅かす，ベランダに子
どもを締め出す，などもマルトリートメントに該当します。児童虐待の
防止等に関する法律（児童虐待防止法）第14条には，親権者による体罰
の禁止が明記されています。マルトリートメントは，子どもの脳の発育
に悪影響を与える[8]ことがわかっており，養育者によるマルトリートメ
ントの防止のため，叱責や体罰によらない子育ての啓発を行うことも，保
育者の重要な役割となります。児童虐待（child abuse）もマルトリート
メントに含まれます。児童虐待は，以下の4種に分けられています。

> ▷8　友田（2019：28-29）
> は，マルトリートメントの
> 種類により脳の特定の部位
> が傷つきやすくなることを
> 明らかにしている。たとえ
> ば面前DVや性的マルト
> リートメントは視覚野の萎
> 縮，身体的マルトリートメ
> ントは前頭前野の萎縮など
> と関連があることが示され
> ている。

---

① 　身体的虐待
　　なぐる，ける，投げ落とす，激しくゆさぶる（乳児の場合）
　等，児童の身体に外傷が生じる行為を繰り返すこと。
② 　性的虐待
　　児童にわいせつな行為をする，見せるなどの行為を繰り返す
　こと。

---

③　養育放棄（ネグレクト）

食事を与えない，洗濯や入浴等を行わない，病院に連れてい
かないなど保護者として子どもを世話をする行為を著しく怠る
こと。

④　心理的虐待

児童への激しい暴言や無視，配偶者への DV を目撃させるな
ど，児童に激しい心理的外傷を与える行為を繰り返すこと。

児童相談所による児童虐待相談の対応件数は年々増加しており，2022
（令和4）年度に児童相談所が対応した児童虐待相談対応件数は，21万
9170件となっています（こども家庭庁，2023）。虐待の種別では，心理的
虐待が最も多くなっています。また，児童虐待の加害者のうち最も多い
のは実母となっており，母親の支援が急務となっていることがわかりま
す。保育者は，虐待を未然に防ぐために他機関と連携して保護者の支援
を行うとともに，入所している園児に虐待が疑われた場合には，速やか
に市町村，福祉事務所もしくは児童相談所に通告する義務があります
（児童虐待防止法第6条）。

2．経済的な問題

子育て家庭の支援においては経済的な問題も重要です。厚生労働省が
発表した「2022年国民生活基礎調査の概況」（厚生労働省，2023）によれ
ば，2021年の日本の子どもの**相対的貧困率**は11.5％となっています。
2018年度の子どもの相対的貧困率が13.5％であったことから，子ども
の貧困率はやや減少していますが，新型コロナウイルス感染症による経
済状況の悪化や，ロシアのウクライナ侵攻の影響による物価の上昇もあ
り，経済的問題を抱えた子育て家庭が減少しているとはいい難い状況で
す。山村りつ（2017）は，「貧困」を「剝奪された状態」とする理解が
近年一般的になってきており，子どもの貧困においては，機会の不足
（たとえば食費の不足が身体の発達の疎害につながり，教育費の不足が塾や習い
事に参加する機会を失うなど）があると述べています。さらに，親が生活
に余裕がないため子どもに十分な時間を取ることができない，親からの
ケアの不足も挙げられています。こうした経験は，子どもの自己肯定感
（ありのままの自分を認める気持ち）の低下や自己効力感（自分の行いで周り
の環境を変えることが可能と感じる気持ち）の低下につながります。結果と
して職業選択の幅が狭まり，低賃金や不安定な就労につながることで，

▷9　相対的貧困率
厚生労働省（2023）による
と，2021年の「相対的貧困
率」（貧困線〔等価可処分
所得の中央値の半分〕で算
出され，該当年度は127万
円に満たない世帯員の割
合）は15.4％である。

彼らが大人になった時に新たな貧困世帯を生み出していくという，「貧困の世代間連鎖」が生じることがあります。

　以上のように，子どもの貧困は，社会全体で解決すべき問題であり，保育者は，貧困家庭への支援を他の関係機関（福祉事務所，子ども食堂，民生委員・児童委員など）と連携して行っていくとともに，子どもへの保育を通して子どもの発達を保障することが重要になってきます。内田伸子（2017）は，子ども中心の自由保育の幼稚園や保育所に通う子どもは，一斉保育の幼稚園や保育園に通う子どもに比べて語彙力が高いことや，子どもを一人の人格をもった存在として尊重しふれあいや会話を大切にする「共有型しつけ」を受けている子どもは，親の思い通りに子どもを育てたいと思い，叱責や罰を行使する「強制型しつけ」を受けている子どもより語彙得点が高いことを示しています。さらに内田は「子どもの学力格差の原因は経済格差でなく，大人の養育や保育の仕方が媒介変数であると結論付けられます」（2017：36）と述べ，子ども中心の保育を行うことの重要性について述べています。保育者は，経済的問題を抱える家庭を支援する際，「共有型しつけ」の方法や効果について保護者に伝えるとともに，子どもの保育においては，子どもが主体的に学べる保育を展開していくことが求められます。

3．ひとり親家庭

　2023（令和5）年4月に発足したこども家庭庁は，子どもの貧困対策やひとり親家庭の支援の役割を担う中心的な機関となりました。こども家庭庁（2023）によると，2021（令和3）年度のひとり親家庭の現状は，母子世帯が119万5000世帯，父子世帯が14万9000世帯と，母子世帯の割合が多くなっています。また，母子世帯のひとり親になった理由としては，「離婚」が79.5％で最も多くなっています。さらに，ひとり親家庭の母親の就業形態としては，「正社員」が48.8％であるのに対し，「パート・アルバイト等」が38.8％となっています。平均年間収入（母親または父親自身の収入）は，母子世帯が272万円であるのに対し，父子世帯は518万円となっています。特に母子世帯においては育児にかける時間が多く，フルタイムの就労ができずにパート・アルバイトの就労形態を取らざるをえず，平均年間収入が低くなってしまう現状があります。厚生労働省が発表した「2022（令和4）年国民生活基礎調査の概況」（厚生労働省，2023）によれば，ひとり親家庭の貧困率は44.5％であり，OECD加盟国の中ではアメリカ（45.7％：2017年）と同程度の高さ（OECDの平均は31.9％）になります（こども家庭庁，2023）。ひとり親家庭の支援につ

ひとり親家庭に支給される
手当。所得制限があり，全
部支給の場合，月額4万
3070円，加算額は2人目1
万170円，3人目以降1人
につき6100円である（2022
年4月〜）。

いて，こども家庭庁は①子育て・生活支援（母子・父子自立支援員による
相談支援など），②就業支援，③養育費確保支援，④経済的支援（児童扶
養手当^{▷10}の支給など）の4本柱の施策を推進していくと述べています。保
育者はこうした制度について理解しておき，必要に応じてひとり親家庭
の保護者に情報提供を行うことも必要だと考えられます。また，ひとり
親家庭の保護者に対しては，経済的支援に加え，心理的な支援も必要な
場合が少なくありません。事例をもとに，ひとり親家庭の保護者への心
理的支援について考えましょう。

> **【事例11-5】パパに会いたいと言われました**
>
> 　サトシ君は保育園の4歳児クラスに在籍しています。サトシ君は，お母
> さんと二人暮らしです。サトシ君が生まれる前にお母さんはサトシ君のお
> 父さんと離婚しました。サトシ君はお父さんと一度も会ったことがありま
> せん。ある日，サトシ君が珍しく元気がないので，担任のマキ先生はサト
> シ君に声をかけてみました。でもサトシ君は「だいじょうぶ」と言うだけ
> でした。そこでマキ先生はお帳面に，「今日はサトシ君が一日元気がな
> かったので心配です。お家で何かありましたか？」と書きました。翌日お
> 帳面にはお母さんからの返事が書いてありました。「先日，サトシから，
> 『お友だちはみんなパパとママがいるのに，なんで僕はママだけなの？』
> と聞かれました。私は動揺して，「パパは遠くにいるよ」とサトシに言っ
> たら，「パパに会いたい」と言われました。その時は「いつかね」とごま
> かしたんですけど，次の日から，「いつパパに会えるの？」とサトシが毎
> 日聞くんです。私もついイライラして，「いつかって言ってるでしょ！」
> と強く言ってしまったんです。そしたらサトシはパパに会いたいと言わな
> くなったんですが，家でほとんど話さないのです。先生どうしたらいいで
> すか？」。
>
> 　お母さんからの返事を読んだ日，マキ先生は夕方のお迎えの時にお母さ
> んと話しました。マキ先生が「お母さん，お一人で悩まれてつらかったで
> すね」と言うと，お母さんは「私一人でがんばってサトシを育ててきたの
> に，『パパに会いたい』と言われると，私のことを否定されている気がす
> るんです」と言い泣き崩れました。マキ先生は，サトシ君はお母さんが大
> 好きだと思うと伝えたうえで，「周りの家庭と自分の家庭を比べるように
> なったことは，サトシ君が成長した証拠だと思います。パパのことをどう
> 伝えたらサトシ君が納得できるか，一緒に考えませんか？」と伝えると，
> 「ぜひおねがいします」とお母さんは言いました。

　サトシ君の家庭は，事情があって離婚後にお父さんと会うことができ
ませんでした。保育園でパパとママがいるお友だちの様子を間近に見る
経験をすることで，サトシ君の心に「僕にもパパがいるはず」という思
いが生じたのかもしれません。マキ先生は，お母さんの気持ちを受け止
めたうえで，サトシ君の心の中に父親のことを知りたいという気持ちが

生じたことは成長の証ではないかとお母さんに問いかけ，サトシ君の問いに親として向き合うことの大切さを訴えました。最終的にパパのことをサトシ君にどのように伝えるかはお母さんが考える必要がありますが，「一緒に考えたい」というマキ先生の姿勢はお母さんを勇気づけたことでしょう。事例のように，保育者は，時にひとり親家庭の保護者の心の支援も行うことが望まれます。

4．ステップファミリーや外国にルーツをもつ家庭

子ども家庭支援の対象になるその他の例としては，まず子どものいるひとり親同士が再婚して新たに家族になった「ステップファミリー」が挙げられます。ステップファミリー[11]に関しては，再婚した時の子どもの年齢によって，新たに子どもの家族となった親に対する気持ちや，親側の気持ちが異なることがあり，保育者にはきめ細やかな子ども・保護者双方への支援が求められます。

また近年，外国にルーツをもつ家庭も増加しています。宮島喬（2017/2022）によれば，2020年の外国籍の19歳以下の人口は約34万人であり，最も人口の多い国は順に中国（11万2198人），ブラジル（4万9906人），韓国（3万4802人），次いでフィリピン，ベトナム，ペルーとなっています。日本国籍で外国にルーツをもつ（国際結婚で離婚したなど）子どもも増えています。就労を目的に日本に来た人もいれば，難民で日本に来ざるをえなかった家庭もあります。外国にルーツをもつ家庭は今後も増えると考えられており，保育者には，保護者の国の文化を尊重した支援を行うとともに，文化・国籍の違いで保育・教育の格差が生じることがないよう，国の施策の改善が望まれています。

▷11　**ステップファミリー**
詳細は，第7章第2節を参照。

◆演習問題

(1) 事例11－4「保育園だいきらい！」を読み返し，あなたがチハル君の担任ならチハル君とお母さんにどのような支援を行うかを考えてまとめてみましょう。
(2) 児童虐待の4種類について，以下の表を完成させましょう。

虐待の種類	特　徴
①（　　　　　　　　）	身体的な攻撃を加える等
②（　　　　　　　　）	性的行為や性的搾取を行う等
③（　　　　　　　　）	食事を与えない，不潔にする等
④（　　　　　　　　）	無視や暴言，面前DV等

引用・参考文献

・内田伸子（2017）「子どもの貧困は超えられる——学力格差は経済格差を反映するか（特集　いま，子どもの貧困を考える）」『発達』第151号，ミネルヴァ書房，31〜36頁。

・友田明美（2019）『脳を傷つけない子育て』河出書房新社。

・宮島喬（2017/2022）「外国人の子どもとは」荒牧重人ほか編『外国人の子ども白書（第2版）——権利・貧困・教育・文化・国籍と共生の視点から』明石書店，16〜20頁。

・山村りつ（2017）「子どもの貧困の問題の所在を考える——その本質の理解のために（特集　いま，子どもの貧困を考える）」『発達』第151号，ミネルヴァ書房，19〜24頁。

〈ウェブサイト〉

・厚生労働省（2022）「令和3年度児童相談所での児童虐待対応件数（速報値）」（https://www.mhlw.go.jp/content/11900000/000589309.pdf　2023年11月6日アクセス）。

・厚生労働省（2023）「2022（令和4）年国民生活基礎調査の概況」（https://www.mhlw.go.jo/toukei/saikin/hw/k-tyosa22/dl/03.pdf　2023年11月6日アクセス）。

・こども家庭庁（2023）「ひとり親家庭等の支援について」（https://www.cfa.go.jp/assets/contents/node/basic_page/field_ref_resources/0a870592-1814-4b21-bf56-16f06080c594/270a7f44/20230401_policies_hitori-oya_14.pdf　2023年11月6日アクセス）。

第12章
保育所等を利用する子どもの家庭への支援

【本章のポイント】
○保育所等で保育士が行う子ども家庭支援の実際を学びましょう。
○保育所等において保育士が行う家庭支援において，留意すべき点について理解しましょう。

1　保育所等で求められる家庭支援

1. 多様化する家庭と保育所のニーズ

　現代社会においては，保護者の働き方も多様になっています。たとえば保護者が夜勤のある仕事についており，子どもを監護することができない場合は，夜間子どもを預かり保育する場所が必要になってきます。厚生労働省（2022）によると，2022（令和4）年度の全国における夜間保育を実施している認可保育所は73か所となっており，多くの夜間保育を必要とする保護者は，やむなく無認可の保育所に子どもを預けざるをえない現状があると考えられます。夜間保育所に関しては，量的拡充とともに，子どもの発達を保障するための配慮が必須となります。夜間保育だけでなく，休日保育や延長保育を実施する場合は，子どもの発達の状態や健康状態，生活のリズムや情緒の安定に配慮して保育を行う必要があります。こうした保育形態は，通常の保育を利用する子どもたちとは違った集団（クラス単位ではなく，たて割り保育であることも多い）になるため，子どもたちが楽しんで保育所で生活できるよう，保育者は気を配る必要があります。また，病児保育▷1においては，受け入れの際のルールを保育者から保護者に十分に説明し，子どもの体調の急変時の対応をあらかじめ確認しておくことが重要です。病児保育においても，保育者は保護者の事情を優先するのではなく子どもの最善の利益を考慮し，子どもの情緒の安定を図るとともに，病児保育対応の看護師と連携して子どもの保育を行う必要があります。

　こうした多様な家庭のニーズに応えるためには，保育士の量的な拡充や業務負担の軽減が図られることが必要です。具体的には保育者の待遇

▷1　病児保育
保護者の就労等の理由で病気の子どもを自宅で保育することが困難な場合，一時的に保育する制度。

改善，配置基準の見直し等が実現することが，保育者を志望する人材の増加につながるとともに，子ども一人ひとりに質の高い保育を提供することが可能になると考えられます。

２．保育所の特性

　みなさんは，保育所の特性（他にはない特徴）とはどのようなものだと思いますか。特に家庭にはない保育所の特性について，できる限りたくさん下に書いてみましょう。

保育所の特性（家庭にはない特徴）：

　さて，何項目書けたでしょうか。保育所には以下のような特性があります。一つずつ詳しくみていきましょう。

（１）保育の専門家が常にいる場
　保育所には毎日，保育士が勤務しています。子どもの発達段階による心の成長や関わり方の違い，基本的生活習慣の獲得（午睡，トイレトレーニング等）について熟知した保育士は，子どもの育ちを支える専門家として，保護者にとっては一番身近で頼りになる存在です。「何か困ったことがあれば，いつでも保育士の先生に相談できる」と保護者が思えることは，保護者に安心感を与えます。「子どもを毎日見てくれている先生の言うことなら信頼できる」と感じている保護者は少なくありません。また，「仕事で疲れてお迎えに行った時，いつも笑顔で『お仕事お疲れさまでした。今日も○○ちゃんは元気いっぱい遊んでいました』と先生が子どもの様子を教えてくれることがとてもうれしかった」と語る保護者もいます。保育者は，保護者にとって一番身近な「専門家」であり，保育所は専門家と毎日出会える場でもあります。
　また保育所は，継続的に家庭を支援することが可能な場でもあります。筆者が長年研究で交流しているある園の主任の先生は，「卒園児の保護者から，小学校以降，時々相談を受けることがあり，自分では専門家として対応が難しい相談の場合は，必要に応じて外部の専門機関を紹介している」と話していました。小学校や中学校の場合，担任の先生は毎年変わることも多いですし，何年かすれば他の学校へ異動します。一方保育所は，その先生が退職しない限り，その園で何十年も勤務することが

可能です。そうした保育所の特性を活かし，卒園児の保護者への支援を行っている園もあります。卒園児の保護者を支援する際は，「どこまで支援できるか」「子どもがいま在籍している学校（小，中，高）との連携をどのように行うか」を保護者と話し合いながら，可能な範囲で支援することが望ましいと考えられます。保護者にとって，「何かあったら保育所に相談できる」と思えるような関係を日頃から築いておくことが大事です。

（2）子どもが集団生活を過ごす場

　保育所は，子どもたちが集団生活を送る場です。家庭では経験できないようなたくさんの同年齢や異年齢の子どもたちと「一緒に」生活することで，子どもたちは様々な刺激を受け合いながら日々成長していきます。たとえば，トイレトレーニングを例に挙げてみましょう。家庭での子どものトイレトレーニングは，親子共にストレスがかかる場合が多いものです。筆者も，自分の子どものトイレトレーニングの際には，子どもがトイレで用を足すことを楽しんでできるようにとあれこれ工夫しましたが（例：おまるに的〔炎〕を描いて，「火を消そう」といっておしっこを促すなど），なかなかうまくいかず，子どもは3歳を過ぎてもよくトイレを失敗し，おむつをしていたことを覚えています。ところが幼稚園に入ると（筆者の子どもの幼稚園は，おむつが外れなくても入園を許可してくれ，下着をたくさん持たせて登園するよう保護者に伝えてくれていました），すぐにトイレで用を足すことを覚え，あっという間におむつがいらなくなったのです。筆者の子どもの例のように，保育所では他の子が進んでおまるやトイレで用を足しているところを目にするので，比較的スムーズにトイレトレーニングが進む子どもが多いようです。このように，集団生活である保育所の利点を活かし，子育てがスムーズにいったと保護者が思うことも多いと考えられます。

（3）多様な人間関係が生じる場

　保育所は，同年齢の子どもたちとの関係，異年齢の子どもたちとの関係，そして保育者との関係というように，多様な人間関係が生じる場です。子どもは，同年齢の子どもたち（横割りクラスの場合）とは，思いがぶつかったり，うまく伝わらなかったりする経験を通じて，他者と折り合いをつけることを学びます。また，協力して一つのことをやり遂げることを通じて（一つの遊びを一緒に遊び込むことも含まれる），達成感を経験します。次に，異年齢の子どもたちとの関係では，年少児は年長児の

行動を見て「おにいさん，おねえさんみたいになりたい」とあこがれの気持ちを抱くでしょうし，逆に年長児は年下の子どものお世話をすることで，「自分が誰かの役に立っている」という満足感を得ることができるでしょう。特に，少子化が進んでいる現代社会においては，きょうだいがいない子どもが増えています。そうした子どもたちにとって，保育所で異年齢の子どもと関わることは，成長する貴重な機会になります。

また，保育者との関係も生じます。クラス担任と他のクラスの担任や副担任の先生では，当然ながら子どもとの関係性は異なります。さらに，主任や園長先生といった管理職の先生と子どもたちとの関係も存在します。たとえば，「担任の先生の前ではおりこうさんだけれど，やさしい主任の先生には全力で甘えてくる」など，子どもたちは多様な保育士との人間関係の中で成長していきます。それぞれの保育者が一人ひとりの子どもたちに温かなまなざしで関わることが，子どもの育ちにつながります。

保育者には，以上のような保育所の特性を活かして家庭支援を行うことが求められます。

2 保育者の行う家庭支援

本節では，保育者が行う家庭支援の実際について学びます。

1．保護者からみた保育者

保護者の目には，保育者はどのように映っているのでしょうか。筆者が若手の保育士と話していると，しばしば「自分はまだ子育てをしていないので，保護者からは『子どもを産んで育てていないのに親の気持ちがわかるのか』と思われているように感じてしまう」「そのため，子どもの発達の話など，繊細な話題について保護者と話すことに対しちゅうちょしてしまう」という意見を聞きます。筆者が学生に保護者支援に関する話をしている時も，同様の不安を口にする学生は少なくありません。確かに，親になる経験をしていないことが多い若手の保育者に対して，保護者が「親の気持ちがわかるのか」と感じる可能性はあります。しかし，はたして「経験しないとその人の気持ちは理解できない」といえるでしょうか。子育て経験の有無は，保護者の保育者への最初の印象に一定の影響を与える可能性はあります。しかし，育児経験のある保育者のほうが育児経験のない保育者より保護者の気持ちを理解するスキルが優れているとは限りません。なかには，自分の子育て経験にとらわれてし

まい，保護者に「子どもはこう育てるべきだ」という自分の子育て観を
押し付けてしまうようなことも起こるかもしれないのです。筆者はカウ
ンセリングを専門とする立場の人間ですが，「人の気持ちを完全にわか
ることはない」と考えています。「人の気持ちはわからないからこそ，
対話によるコミュニケーションや想像力を用いて相手の気持ちを理解し
ようと努力する」ことが重要なことではないか，と筆者は考えています。
特に若手の保育者は，子育てという尊い営みに日々向き合っている保護
者の方々に，尊敬の念をもって丁寧に接することが必要だと考えられま
す。

2．保育者と保護者との信頼関係の構築

　では，保育者と保護者との信頼関係はどのように築かれるのでしょう
か。筆者が体験した例を紹介します。筆者の息子は，幼稚園の3歳児ク
ラスから入園しましたが，激しい登園渋りを示していました。幸い兄が
5歳児クラスに在籍していたため，兄と一緒に登園すること自体はでき
ましたが，園の門の前まで来て泣き出し，中に入ろうとしなかったり，
すきを見て逃げ出そうとしたりすることもしょっちゅうでした。特にた
まに父親である筆者が朝，園に送ると，母親が園に送る時よりも園の中
に入ることを拒み，筆者にしがみついて激しく泣く場面がみられました。
息子の担任の先生は，朝，息子が来ると，笑顔で出迎えてくれ，筆者か
ら離れる際に泣き叫ぶ息子をだっこしてやさしく語りかけ，息子が落ち
着くと好きな遊びに誘ってくれていました。担任の先生は初任の先生で
したが，筆者にとっては初任であることは関係なく，先生が子どもと
しっかり温かく関わってくれていることに，安心感と信頼感をすぐに抱
くことができました。1年が経ち，兄が卒園して一人で登園するように
なった息子は，今では幼稚園が大好きになり毎日楽しく通園しています。
　筆者の息子の例のように，保護者と保育者との信頼関係は，日々の関
わりの積み重ねを通して徐々に築かれていくものです。特に保護者は，
保育者が自分の子どもにどれだけ丁寧に関わってくれているかをいつも
気にかけています。自分の子どもから，先生にほめてもらったことや一
緒に遊んでうれしかったことなどを聞くと，保護者の保育者に対する印
象は良くなっていきます。逆に先生から注意されたことや，トラブルの
被害（お友だちからたたかれたなど）については，保護者が出来事の原因
や詳細を子どもに尋ねても，じょうずに説明することは難しく，保育者
から保護者に報告がなければ，保護者は子どもの口から出来事の断片的
な側面のみを聞いて，保育者に不信感を覚える可能性があります。こう

した場合は，保護者になるべく対面（電話も含む）でその日のうちに起こったことを報告するとともに，保育者の意図（例：どのような理由で子どもに注意したのか）を説明しておくことが，保育者と保護者との信頼関係の形成のためには重要です。

3．園内チームによる家庭支援

　保育者と保護者との信頼関係を基礎にして，保育所においては園内の職員による連携をもとに家庭支援を行っていく必要があります。ここで事例をもとに，園内チームによる家庭支援について考えてみましょう。

> **【事例12-1】先生は頼りになりません！**
> 　マミ先生は保育士歴3年目の若手職員です。マミ先生は，今年3歳児クラスの担任になったのですが，クラスの園児サトル君のお母さんへの支援について悩んでいました。サトル君のお母さんは一人でサトル君を育てています。サトル君は，水遊びの際の着替えやお手ふきなど，保育に必要な持ち物をたびたび忘れてくる時がありました。そこでマミ先生がお迎えの際，お母さんに「忘れ物が最近多いので確認お願いします」と言ったところ，お母さんは険しい表情になり，「私がひとり親だから子どもの持ち物もきちんと確認できないと先生も思っているんですね。先生は頼りないと思っていましたが，もういいです」と言い，サトル君を連れて帰ってしまいました。困ったマミ先生は，主任の先生に相談しました。主任の先生は，「お母さんは仕事も子育ても余裕がなくてとてもきつい思いをしているのかもしれない。お母さんの気持ちに寄り添った声かけをマミ先生がこれから意識していけば，信頼関係はかならず取り戻せる」と伝えました。
> 　翌日，マミ先生はお迎えの際，サトル君のお母さんに，自分の発言で不快な思いをさせてしまったことを謝りました。その後，主任の先生がお母さんと1対1で話す時間を作り，主任の先生はお母さんのマミ先生に対する不満を受け止めました。その後マミ先生は，お迎えの際，サトル君のお母さんに，園での様子や，サトル君ができるようになったことをこまめに伝えるとともに，次の日の準備物の写真付きのチェックリストを渡すようにしました。するとサトル君の忘れ物は激減しました。お迎えの際，マミ先生がお母さんに「お忙しい中，園の持ち物を準備してくださってありがとうございます」と伝えると，お母さんはマミ先生に，「先生がチェックリストをくれたから，意識して園の持ち物を前の日に子どもと一緒に確認しています。ここまでしてくれるなんて，ありがたいです」と笑顔で伝えてくれました。マミ先生は，少しお母さんとの心の距離が縮まったように感じてとてもうれしい気持ちになりました。

　マミ先生はサトル君のお母さんに間違ったことは言っていません。「園で使用する準備物を忘れないようにしてほしい」と，担任として当然の発言をしたのですが，お母さんにとっては，マミ先生から子育ての

至らなさを責められているように感じたようです。こうしたコミュニケーションのずれによって保護者との関係がうまくいかない時，保育者個人で解決しようとしてもうまくいかないことがあります。マミ先生は，主任の先生に相談し，主任の先生は，サトル君のお母さんのおかれた状況を想像して声をかけることの重要性をマミ先生に伝えました。そして次の日に主任の先生がサトル君のお母さんと話し，マミ先生に対するお母さんの不満を受け止めました。すると，お母さんの気持ちは落ち着き，その後マミ先生は，サトル君のお母さんとの信頼関係を再構築するために，子どもの様子を丁寧に伝えるとともに，お母さんが園の持ち物を忘れないような方法（チェックリストを渡すこと）を考えて行いました。その結果，サトル君のお母さんはマミ先生に信頼を寄せるようになり，忘れ物も減っていったのでした。

　事例のように，園内のチームで職員が互いにフォローし合いながら支援することが必要な場合があります。そのためには，日常から職員間でなんでも言い合える関係を築いておくことが重要となります。

３　保育者の行う家庭支援のポイント

　本節では，保育所を利用している家庭の保護者に対して，保育者が日常的に行う家庭支援の具体例を挙げ，保育者が意識しておくとよいポイントについて学びます。

１．送迎時のコミュニケーション

　まず，保育者が保護者と毎日顔を合わせる「朝の送りの時」と「夕方のお迎えの時」について考えてみましょう。「朝の送りの時」には，多くの保護者は子どもを園に送っていった後，仕事に出かけなければいけません。そのため，時間に余裕がなく焦っており，たとえば子どもがぐずったり，園に行きたくないと言い出したりすれば，イライラしてしまうこともあるでしょう。保育者は，そうした保護者の事情を考慮し，朝の送りの際には，子どもがスムーズに園に入っていけるよう明るく元気に子どもに対応するとともに，保護者に対しても笑顔で元気にあいさつをすることが必要です。特に，人間のコミュニケーションの大部分は，「ノンバーバル・コミュニケーション」から成り立っています。人間の印象は，「ノンバーバル・コミュニケーション」から多くの影響を受けています。たとえば朝，保護者にあいさつする場合でも，忙しそうに棒読みで「おはようございます」と早口で言う場合と，笑顔で優しい声の

▷２　ノンバーバル・コミュニケーション
しぐさや表情，声の調子など，言葉以外のコミュニケーションのことをいう。対になる「バーバル・コミュニケーション」とは，言葉を用いたコミュニケーションをいい，文字言語によるコミュニケーションを指す。

調子で「おはようございます！」と言う場合では，保護者の受け取り方はまったく異なります。保育者は，朝，保護者が元気になれるようなあいさつを心がけたいものです。

　また朝の時間，保護者は急いでいることが多いので，保育者が保護者に大事な話がある際は，朝の時間は避け，夕方のお迎えの際に伝えるようにしましょう。

　夕方のお迎えの際は，保護者は比較的気持ちの面で余裕があることが多いと考えられます。保育者はお迎えの際，子どもの一日の様子でなるべくプラスの面（こういう所が成長した，こんないいことがあったなど）を中心に保護者に伝えましょう。そして，帰っていく子どもと保護者の姿を少しでも観察しておきましょう。たとえばぴったり寄り添って手をつないで歩く親子，子どもだけ先に行ってしまい，保護者があわてて追いかけて帰っていく親子，どこかよそよそしく，親子の心の距離が遠く感じられる親子など，お迎えの際の親子の様子を観察することで，家庭での親子の関係を知るヒントが得られることがあります。

　以上のように，送迎時の保育者と保護者のコミュニケーションが，毎日丁寧に行われることが，保育者が家庭支援を行う際の保護者との信頼関係の基礎となってきます。

2．連絡帳によるコミュニケーション

　保育者が日常で行う保護者とのコミュニケーションの一つに，連絡帳が挙げられます。保育者は連絡帳に，日々の子どもの様子や体調，できるようになったことなどを記入することを求められます。しかし，多忙な保育者の業務の中では，連絡帳を記入する時間は午睡時の見守りの際など限られた時間しかなく，子ども1人当たりの連絡帳の記入時間は3〜5分程度と考えられます。保育者は，自分の伝えたいことを，要点をまとめて短く書くことを求められています。また，保護者の連絡帳の記入の仕方は様々です。短く一文程度しか書かない保護者もいれば，たくさん記入する保護者もおり，それぞれの保護者のニーズに合った返信が求められます。近年は，紙の連絡帳を使わず，専用のアプリを導入して連絡や情報交換を行う園も増えており，保護者，保育者双方の負担軽減に寄与しています。一方で，紙の連絡帳にはメリットもあります。紙の連絡帳は保護者の手書きの文字で書かれているため，保育者が保護者の性格や現在の心情を推測する手がかりが得られやすいのです。たとえば文字の大きさ（自信がない人は文字が小さくなる傾向がある）や文字のふるえ（緊張が強い人の場合文字がふるえることがある）などに着目することで，

保護者の現在の心境を推測する手がかりになります。また，紙の連絡帳には，記入された日付以前の内容も当然ながら書かれています。連絡帳に書かれた保護者のメッセージの「量」に着目することで，保育者が保護者の心境の変化を推測する手がかりとなります。たとえば，いつも連絡帳に1行しか書かない保護者がたくさんのメッセージを書いた場合や，逆にいつもたくさん書く保護者が1行しか書かない場合などは，前後に保護者の心境の変化があったのではないかと考え，保育者は保護者と一度じっくり話をしてみることが望ましいでしょう。

　特に経験が浅いうちは，保護者が連絡帳に書いているメッセージの読み取りに迷った時は，園内の先輩や管理職に相談しながら，保護者にどのような返事を書けばよいかを考えていってください。

3．懇談会によるコミュニケーション

　次に，保育所で定期的に実施している保護者懇談会における保育者と保護者とのコミュニケーションについて考えてみます。多くの保育所では，たとえば年に2回（春と冬など）ないし3回（春・夏・冬など），保護者懇談会を実施しています。2020（令和2）年から世界的に感染が広がった新型コロナウイルス感染症の影響により，保護者懇談会を中止していた園が多かったと思われますが，2023（令和5）年5月から規制が緩和されたことにともない，保護者懇談会を再開するところも増えてきています。ここでは，クラス懇談会ではなく個人懇談会について述べておきます。

　個人懇談会は，クラス担任と保護者が1対1で話をする（複数担任制の場合は保育者の数が増える場合がある）貴重な機会ですし，クラスの全園児が対象になるため，懇談会への保護者の抵抗感は比較的少ないと考えられます。懇談の時間はおおむね15分から20分程度であることが多いようです。みなさんは，何年後かに自分がクラス担任になった際，個人懇談会でどのような話をするかイメージできるでしょうか。「保護者と15分も何を話したらいいかわからない」「失礼なことを言ったらどうしようと心配になる」といった意見を，筆者は学生からよく聞きます。個人懇談会の内容として最低限必要なのは，園生活で保育者が発見した子どもの育ちや他児との人間関係，得意なことや好きなこと，今後伸びていってほしいところなどが挙げられます。そして保護者の要望や子どもに対する思いを保育者が聞き取り今後の保育につなげるとともに，家庭と連携して子どもの成長を見守っていくことを確認することが挙げられます。

ここで具体例をみてみましょう。筆者が長年調査を行っているＡ保育所では，夏（６月頃）と冬（２月頃）の年２回，保護者懇談会を行っており，３歳以上の全園児が個人懇談会の対象になっています。そして，若手の担任の先生は，あらかじめ保護者と何を話すかを整理し，主任の先生に相談していています。またＡ保育所では発達面で「気になる子」の保護者への個人懇談の際は，担任の先生に加え，障害児保育の実践に詳しい主任の先生がかならず同席し，保護者の方の子どもに対する思いを聞き取り，必要な場合は保護者を療育機関などの専門機関への相談につなげています。担任一人で保護者対応を抱え込まず，園内チームで関わる体制がＡ保育所では整っており，その結果，担任保育者は自信をもって，保護者への支援を行うことが可能になっています。

　みなさんも，保護者懇談会で保育者が保護者とどのようにコミュニケーションをとっていくか，イメージできたのではないでしょうか。保護者懇談会では当然ながら保育者の側も，保護者から見られ評価されています。懇談会の際は保育者は保護者に対してフランクになりすぎず，社会人としての誠意ある応答や，保護者の気持ちに寄り添った言葉かけを意識しましょう。

４．個人面談によるコミュニケーション

　最後に，保育者と保護者が一定の時間（30分〜１時間程度）をとって随時行う，「個人面談」によるコミュニケーションのポイントについて学びます。「個人面談」では，全園児が対象の懇談会とは異なり，個別のより繊細な話題が話し合われるため，保育者のきめ細かな配慮が必要となります。家庭支援における個人面談では，保育者が「気になる子」の保護者と子ども自身が困っている状況について話し合い，今後の支援について協議することや，保護者に育児不安がみられる場合，家庭が経済的不安を抱えている場合，マルトリートメントが疑われる場合，外国にルーツをもつ家庭の場合への支援などが考えられます（第11章参照）。

　その他，保護者から相談の依頼があった場合（たとえば子どもの人間関係のトラブルなど）にも，保育者は個人面談の時間を設定することがあります。特に深刻な話題の個人面談の場合は，保育者側は複数で保護者の話を聞くこととします。また，正面に座ることをなるべく避け，対角線の位置関係で保護者と対面して座ること，あらかじめ面談の時間を決めておき，保護者には事前に予告しておくことなどに留意することが必要です。

　保育者は，一度で個人面談を終わらせる必要はありません。たとえば

▷３　次の文献が参考になる。
石川洋子編著（2008）『子育て支援カウンセリング──幼稚園・保育所で行う保護者の心のサポート』図書文化。

「気になる子」の保護者と保育者が個人面談で話す場面を想定してみましょう。保育者が保護者に「気になる」子どもの行動について伝えた際，保護者は子どもの行動があまり気になっておらず，問題意識を感じていない場合も少なくありません。保育者は，そうした場合，1回の個人面談で保護者に子どもの状況を理解してもらうのではなく，何度も個人面談の機会を設け，丁寧に話をしていくことが重要となってきます。また，個人面談は一定の時間がかかるので，保育者の業務負担が増すことにならないように管理職の配慮も必要となってきます。個人懇談会同様，若手の保育者は保護者と個人面談を行う場合，事前に話す内容を整理し，必要に応じて管理職の先生に同席してもらうなどの対応も検討しましょう。また，保育者が保護者への家庭支援に関して迷った際に，気軽に同僚や先輩に相談できる職場環境であれば，保育者の家庭支援におけるストレスは大幅に軽減すると考えられます。

　以上のように保育者が在園児の保護者に行う家庭支援では，日常の保護者とのコミュニケーション（送迎時，連絡帳）が保護者と保育者との信頼関係の土台となり，その後の家庭支援（個人懇談会，個人面談等）につながります。保育者一人で抱え込まず，園内チームで支え合って家庭支援を行うことが重要だということを，常に意識しておきましょう。

◆演習問題

　あなたは保育園の担任だとします（何歳児クラスかは自由に設定します）。お迎えの際，あなたがクラスの子のお母さんに以下の発言をしたとします。
　「こんにちは。お母さん，今日もお仕事お疲れさまでした。○○君，今日は園庭のお花をつんで私にくれたんですよ。やさしい子に成長していますね。お家に帰ったら，保育園でどんなことをしたか○○君に聞いてみてくださいね。また明日お待ちしています」。
(1)　上記の発言をあなたなりに，お母さんに気持ちが伝わるように，ノンバーバルな表現（笑顔，声の調子，抑揚，身ぶり）を交えて声に出して表現しましょう。
(2)　何度か練習した後，自分のスマートフォンで上記のセリフを録画し，見返して，どの点を改善すれば保護者に伝わりやすい表現になるかを考えましょう。

引用・参考文献

〈ウェブサイト〉
・厚生労働省（2022）「夜間保育所の設置状況の推移」（https://www.mhlw.go.jp/content/11900000/R4gaiyo.pdf　2023年6月30日アクセス）。

第13章
地域の子育て家庭への支援

【本章のポイント】
◯地域の子育て家庭に対する支援の動向について理解しましょう。
◯地域子育て支援拠点事業の概要と児童厚生施設の役割について理解しましょう。
◯放課後児童健全育成事業の概要について理解しましょう。

1 地域の子育て家庭への支援の必要性

1. 子どもの地域の多様な他者と関わる機会の減少

　子どもたちは，地域の幅広い世代の人々や障害者，外国籍の異なる文化をもつ人など，多様な他者との関わる経験により，人と適切に関わる力が発達し，社会性や思いやりの心を育み，社会とのつながりを意識するようになると考えられます。しかし，現代の少子化や核家族化，地域社会の人間関係の希薄化により，子どもたちは，世代間の交流が少なく，地域の身近にいる大人や高齢者，異年齢の子どもとの交流の機会や場も減少しています。屋外の環境が変わり，子どもが自由に遊ぶことのできる公園や路地裏などがなくなり，外遊びを行う機会や場所が減少しています。また，テレビゲームやインターネットの普及により，室内で遊ぶ子どもは増加し，子どもの遊ぶ場は変化しています。子どもが遊びを通して多様な人々と関わる中で社会性を学び，人とつながる力を培い，多面的に成長できる機会や場が喪失している状況にあります。

2. 保護者が地域の多様な他者と関わる機会の創出

　子どもだけでなく，子どもの保護者も地域の幅広い世代の人々や多様な他者と関わる機会が減少しています。従来日本で行われてきた世代間の子育て文化の伝承は難しくなり，親やきょうだい，他者の子育てをしている様子をみる機会そのものも減少しました。子どもとの接し方がわからず，子育てへの不安や負担感を抱えた保護者が増加しています。子育てをとりまく環境が変化する中，意図的に地域の幅広い世代の人々や

多様な他者と関わる機会や場を創り出すことが求められます。保育者は，保護者が意欲的に子育てに向き合うことができるよう，保護者同士の子育てについての情報交換の場や，地域の多様な人々とふれあう場を設けていく必要があります。保護者は多様な他者と関わることを通して，子育てに対する様々な気づきを得ることができ，子育てへの不安や負担感を和らげることができます。そして，地域の幅広い世代の人々や多様な他者と関わる機会や場を経験することにより，保護者もまた親として成長し，安心して子育てに臨むことができるのです。

2　地域における多様な子ども家庭支援

1．地域の子育て家庭を支える社会資源

　地域の子育て家庭に対する**フォーマルな社会資源**[1]としては，保育所，幼稚園，認定こども園，地域子育て支援拠点事業所，市町村保健センター，児童発達支援センター，放課後児童クラブ，児童相談所，福祉事務所，児童福祉施設などの法律や制度を根拠にしたサービスが挙げられます。**インフォーマルな社会資源**[1]としては，子育て家庭の身近にいる家族や親族，友人，近隣住民やボランティア団体などから与えられる制度化されていないサービスがあります。保育者は子どもや保護者の支援ニーズを捉え，地域にどのようなフォーマル，インフォーマルな社会資源が存在するのかを把握し，子育て家庭が抱える問題を解決することができるよう支援することが望まれます。たとえば，地域子ども・子育て支援事業（表13-1）では，地域の子育て家庭の多様な支援ニーズに対応するための保育サービスが行われています（内閣府・文部科学省・厚生労働省，2015）。

　現在，地域の子育て家庭を支援し，子どもと保護者に多様な他者と交流する機会や場を提供している地域子育て支援拠点事業と，その代表的な機関である児童厚生施設（児童館・児童遊園），放課後児童健全育成事業についてみていきましょう。

2．地域子育て支援拠点事業とは

　地域子育て支援拠点事業は，地域の身近な公共施設や児童福祉施設で子育て中の親子が気軽に集い，相互交流や子育ての不安，悩みを相談できる場を提供する事業です。2022（令和4）年の段階では，全国に7970か所の拠点が展開されています。

▷1　フォーマルな社会資源，インフォーマルな社会資源
いずれも，第9章第1節で詳述している。

表13-1 地域子ども・子育て支援事業の概要

事業名	概要
利用者支援事業	子ども又はその保護者の身近な場所で，教育・保育施設や地域の子育て支援事業等の情報提供及び必要に応じて相談・助言等を行うとともに，関係機関との連絡調整等を実施する事業。
地域子育て支援拠点事業	乳幼児及びその保護者が相互の交流を行う場所を開設し，子育てについての相談，情報の提供，助言その他の援助を行う事業。
妊婦健康診査	妊婦の健康の保持及び増進を図るため，妊婦に対する健康診査として，①健康状態の把握，②検査計測，③保健指導を実施するとともに，妊娠期間中の適時に必要に応じた医学的検査を実施する事業。
乳児家庭全戸訪問事業	生後4か月までの乳児のいる全ての家庭を訪問し，子育て支援に関する情報提供や養育環境等の把握を行う事業。
養育支援訪問事業	養育支援が特に必要な家庭に対して，その居宅を訪問し，養育に関する指導・助言等を行うことにより，当該家庭の適切な養育の実施を確保する事業。
子どもを守る地域ネットワーク機能強化事業 （その他要保護児童等の支援に資する事業）	要保護児童対策協議会（子どもを守る地域ネットワーク）の機能強化を図るため，調整機関職員やネットワーク構成員（関係機関）の専門性強化と，ネットワーク機関間の連携強化を図る取組を実施する事業。
子育て短期支援事業	保護者の疾病等の理由により家庭において養育を受けることが一時的に困難となった児童について，児童養護施設等に入所させ，必要な保護を行う事業。
ファミリー・サポート・センター事業 （子育て援助活動支援事業）	乳幼児や小学生等の児童を有する子育て中の保護者を会員として，児童の預かり等の援助を受けることを希望する者と，当該援助を行うことを希望する者との相互援助活動に関する連絡，調整を行う事業。
一時預かり事業	家庭において保育を受けることが一時的に困難となった乳幼児について，主として昼間において，認定こども園，幼稚園，保育所，地域子育て支援拠点その他の場所で一時的に預かり，必要な保護を行う事業。 ※幼稚園が行う預かり保育は，一時預かり事業（幼稚園型）に再編。
延長保育事業	保育認定を受けた子どもについて，通常の利用日及び利用時間以外の日及び時間において，認定こども園，保育所等で保育を実施する事業。
病児保育事業	病児について，病院・保育所等に付設された専用スペース等において，看護師等が一時的に保育等を実施する事業。
放課後児童クラブ （放課後児童健全育成事業）	保護者が労働等により昼間家庭にいない小学校に就学している児童に対し，授業の終了後に小学校の余裕教室，児童館等を利用して適切な遊び及び生活の場を与えて，その健全な育成を図る事業。
【新規事業】 実費徴収に係る補足給付を行う事業	保護者の世帯所得の状況等を勘案して，特定教育・保育施設等に対して保護者が支払うべき日用品，文房具その他の教育・保育に必要な物品の購入に要する費用又は行事への参加に要する費用等を助成する事業。
【新規事業】 多様な事業者の参入促進・能力活用事業	多様な事業者の新規参入を支援するほか，特別な支援が必要な子どもを受け入れる認定こども園の設置者に対して，必要な費用の一部を補助する事業。

出典：内閣府・文部科学省・厚生労働省（2015）『子ども・子育て支援新制度ハンドブック（平成27年7月改訂版）』17〜18頁より。

　事業の内容は，①子育て親子の交流の場の提供と交流の促進，②子育て等に関する相談，援助の実施，③地域の子育て関連情報の提供，④子育て及び子育て支援に関する講習等の実施の4つを基本事業としています。

heahe第a第13章　地域の子育て家庭への支援

表13-2　地域子育て支援拠点事業の概要

	一　般　型	連　携　型
機　能	常設の地域の子育て拠点を設け，地域の子育て支援機能の充実を図る取組を実施	児童館等の児童福祉施設等多様な子育て支援に関する施設に親子が集う場を設け，子育て支援のための取組を実施
実施主体	市町村（特別区を含む。）（社会福祉法人，NPO法人，民間事業者等への委託等も可）	
基本事業	①子育て親子の交流の場の提供と交流の促進 ②子育て等に関する相談・援助の実施	③地域の子育て関連情報の提供 ④子育て及び子育て支援に関する講習等の実施
実施形態	①～④の事業を子育て親子が集い，うち解けた雰囲気の中で語り合い，相互に交流を図る常設の場を設けて実施 ・地域の子育て拠点として地域の子育て支援活動の展開を図るための取組（加算） 　　一時預かり事業や放課後児童クラブなど多様な子育て支援活動を拠点施設で一体的に実施し，関係機関等とネットワーク化を図り，よりきめ細かな支援を実施する場合に，「地域子育て支援拠点事業」本体事業に対して別途加算を行う ・出張ひろばの実施（加算） 　　常設の拠点施設を開設している主体が，週1～2回，1日5時間以上，親子が集う場を常設することが困難な地域に出向き，出張ひろばを開設 ・地域支援の取組の実施（加算）※ ①地域の多様な世代との連携を継続的に実施する取組 ②地域の団体と協働して伝統文化や習慣・行事を実施し，親子の育ちを継続的に支援する取組 ③地域ボランティアの育成，町内会，子育てサークルとの協働による地域団体の活性化等地域の子育て資源の発掘・育成を継続的に行う取組 ④家庭に対して訪問支援等を行うことで地域とのつながりを継続的に持たせる取組 ※利用者支援事業を併せて実施する場合は加算しない ・配慮が必要な子育て家庭等への支援（加算） 　　配慮が必要な子育て家庭等の状況に対応した交流の場の提供等ができるよう，専門的な知識等を有する職員を配置等した場合に加算を行う ・研修代替職員配置（加算） 　　職員が研修に参加した際，代替職員を配置した場合に加算を行う ・育児参加促進講習の休日実施（加算） 　　両親等が共に参加しやすくなるよう休日に育児参加促進に関する講習会を実施した場合に加算を行う	①～④の事業を児童館等の児童福祉施設等で従事する職員等のバックアップを受けて効率的かつ効果的に実施 ・地域の子育て力を高める取組の実施（加算） 　　拠点施設における中・高校生や大学生等ボランティアの日常的な受入・養成の実施 ・配慮が必要な子育て家庭等への支援（加算） 　　配慮が必要な子育て家庭等の状況に対応した交流の場の提供等ができるよう，専門的な知識等を有する職員を配置等した場合に加算を行う。 ・研修代替職員配置（加算） 　　職員が研修に参加した際，代替職員を配置した場合に加算を行う ・育児参加促進講習の休日実施（加算） 　　両親等が共に参加しやすくなるよう休日に育児参加促進に関する講習会を実施した場合に加算を行う
従事者	子育て支援に関して意欲があり，子育てに関する知識・経験を有する者（2名以上）	子育て支援に関して意欲があり，子育てに関する知識・経験を有する者（1名以上）に児童福祉施設等の職員が協力して実施
実施場所	公共施設空きスペース，商店街空き店舗，民家，マンション・アパートの一室，保育所，幼稚園，認定こども園等を活用	児童館等の児童福祉施設等
開設日数等	週3～4日，週5日，週6～7日／1日5時間以上	週3～4日，週5～7日／1日3時間以上

出典：こども家庭庁（2023）「地域子育て支援拠点事業とは（概要）」2頁より。

　地域子育て支援拠点事業は，機能によって一般型と連携型の2つに分類されています（表13-2）。一般型は，おおむね3歳未満の子どもと保護者を中心に地域の幅広い世代の人々との交流を重視した常設施設が拠点となっています。主に公共施設の空きスペースや保育所，幼稚園，認定こども園のほか，商店街の空き店舗，民家やマンションなどの一室でも実施されています。また，地域子育て支援拠点事業の基本事業の内容

f

▷ 2　ひろば
子育てひろばは，子育て親子が気軽に集い相互交流や情報交換を行う常設のひろばを提供する取り組みである。出張ひろばは，常設の拠点を開設している事業主体が週１〜２回，１日５時間以上，通常開設している場所とは違うところで，子育て親子が交流するひろばを提供する。

のほか，放課後児童クラブや一時預かり，出張**ひろば**[2]を行っているところもあります。連携型は，児童館などの児童福祉施設で子育て家庭の子どもと保護者が集う場を設けて，地域交流活動を実施します。連携型は，拠点施設の職員が児童福祉施設などの職員から支援を受け，効率的かつ効果的に事業が運営される連携体制がとられていることが特徴です。その他，学生ボランティアを日常的に受け入れ，中高生のボランティアを育成する活動も行われています。

3．児童厚生施設とは

　児童厚生施設は，児童福祉法第40条に，「児童遊園，児童館等児童に健全な遊びを与えて，その健康を増進し，又は情操をゆたかにすることを目的とする施設」と規定されている児童福祉施設の一種です。児童厚生施設は，０歳から18歳までのすべての子どもが利用することができます。また，保護者も様々な活動に一緒に参加することができ，児童厚生施設は親子の交流の機会や健全な遊びの場としての役割を担っています。
　児童厚生施設の種別と機能については，次のように分類されています。

（1）児童館
　児童館は，児童福祉法第40条に規定された屋内での活動が主となる児童厚生施設の一つです。2012（平成24）年の児童館の設置運営要綱（厚生労働事務次官通知）において，児童館の規模と内容により次のように分類されています。
　①小型児童館
　小地域を対象として，子どもに健全な遊びを与え，その健康を増進し，情操を豊かにするとともに，母親クラブ，子ども会などの地域組織活動の育成助長を図るなど，子どもの健全育成に関する総合的な機能を有しています。
　②児童センター
　小規模児童館の機能に加えて，遊びを通して体力増進を図ることを目的とした指導機能をもっています。また，大型児童センターでは，中学生や高校生などの年長児童に対する育成機能を有しています。
　③大型児童館
　大型児童館は，原則として都道府県内や広域の子どもたちを対象とした活動を行っています。おおむね以下の３つに区分されています。
　〈A型児童館〉児童センターの機能に加え，都道府県内の小型児童館，児童センター，その他の児童館の指導と連携調整等の役割を果たす中枢

的機能を有しています。

〈B型児童館〉自然環境に恵まれた地域内に設置され，子どもが宿泊しながら，自然を生かした遊びを通して，協調性，創造性，忍耐力等を高めることを目的とした児童館です。小型児童館の機能に加え，自然の中で児童を宿泊させ，野外活動が行える機能を有しています。

〈C型児童館〉現在は閉館していますが，広域を対象として子どもに健全な遊びを提供し，子どもの健康の増進，情操を豊かにする機能に加え，芸術，体育，科学等の総合的な活動ができる多くの子育て支援の取り組みを担ってきた児童館です。多様な子どものニーズに総合的に対応できるように，劇場，ギャラリー，屋内プール，コンピュータプレイルーム，歴史・科学資料展示室，宿泊研修室，児童遊園が適宜付設されています。

（2）児童遊園

児童遊園は，主に幼児，小学校低学年児童を対象とした屋外型の児童厚生施設です。都市公園法に基づく街区公園と相互に補完的役割を有しています。その標準的規模は，都市部において土地の確保が困難な状況にあることから，1992（平成4）年度から縮小され，$330m^2$以上であって，広場，ブランコなどの遊具設備と便所，水飲場等を設置することとされています。

4．放課後児童健全育成事業とは（放課後児童クラブ・学童保育）

（1）新・放課後子ども総合プランの推進

地域社会の中で，放課後や週末，夏休みなどの休暇時に子どもたちが安心して健やかに育成されるよう，厚生労働省と文部科学省が連携・協力して，2007（平成19）年度に放課後子どもプランが創設されました。

放課後子どもプラン創設の背景には，①放課後などに異年齢児の子ども同士で遊び，交流する機会が減少したこと，②子どもが犯罪に巻き込まれる事件が増加傾向にあり，子どもの安全な居場所の確保が困難になっていること，③女性の社会進出や女性の労働人口の増加にともない，子育てと仕事が両立できる環境を実現するための支援が求められていることなどが挙げられます。

その後，さらなる事業の検討が行われ，放課後子どもプランに代わり，2014（平成26）年に放課後子ども総合プランが策定されました。放課後子ども総合プランの目的は，小学校入学後に子どもを放課後に預ける居場所の確保が困難になり，保護者が働き方の変更を余儀なくされる「小

1の壁」といわれる問題を解消し，すべての子どもが放課後に安全・安心な居場所で多様な活動や体験ができるよう事業の計画的な整備を進めることです。このプランは，厚生労働省による放課後児童健全育成事業（以下，放課後児童クラブ）と，文部科学省による放課後子ども教室推進事業（以下，放課後子ども教室）を一体的にまたは連携して実施する総合的な放課後児童対策です。そして，これまでの放課後子ども総合プランの進捗状況や計画に関連する施策の動きを踏まえ，放課後児童対策の試みを加速させるため，2018（平成30）年に新・放課後子ども総合プランが策定されました。新プランでは，2019年から2021年度末までに，放課後児童クラブを約25万人分整備し，待機児童の解消を図り，その後2023年度末までに5万人分，合計して約30万人分の受け入れ先を整備する予定となっています。また，すべての小学校区で，共働き家庭の小学生を対象にした放課後児童クラブと，共働きかどうかを問わずすべての小学生が対象の放課後子ども教室を一体的にまたは連携して実施し，うち小学校内の1万か所以上で一体型として実施することなどが目標として掲げられています。

（2）放課後児童クラブとは

放課後児童健全育成事業を実施する施設や場のことを放課後児童クラブ（通称：学童保育）といいます。

放課後児童クラブは，保護者が労働などにより昼間家庭にいない小学校に就学している子どもに対し，授業の終了後などに小学校の余暇教室，児童館などを利用して適切な遊び及び生活の場を与えて，その健全な育成を図るものです。放課後児童クラブは，2015（平成27）年に**子ども・子育て支援新制度**[3]が施行される以前は，「小学校に就学しているおおむね10歳未満」が対象とされていましたが，新制度への移行にともない，「小学校に就学している児童」と対象年齢が拡大されています。

2014（平成26）年に公布された「放課後児童健全育成事業の設備及び運営に関する基準」では，児童の規模（集団の規模）をおおむね40人以下とし，**放課後児童支援員**[4]を2人以上配置することになっています。放課後児童支援員は，保育士，社会福祉士など（「児童の遊びを指導する者」の資格を基本）を有し，認定資格研修を修了した者とされています。

厚生労働省の発表によると，2022（令和4）年5月1日現在，放課後児童クラブは2万6683か所で実施され，登録児童数は139万2158人です。2015（平成27）年度から高学年も事業の対象になり，各自治体が受け入れ体制を整備していることもあり，放課後児童クラブの設置数および登

▷3　子ども・子育て支援新制度
詳細は，第10章第2節を参照。

▷4　放課後児童支援員
2015（平成27）年度に施行された子ども・子育て支援新制度において新たに資格化され，放課後児童クラブに配置された職員である。放課後児童支援員の要件は，保育士，社会福祉士，教員免許を有している者のほか，2年以上の児童福祉事業経験者なども従事が認められている。なお，都道府県知事が行う研修を修了する必要がある。「児童の遊びを指導する者」は，児童厚生施設に配置されている職員である。資格要件は，保育士，社会福祉士，教員免許を有する者など，児童福祉施設の設備及び運営に関する基準で定められている条件を満たす必要がある。

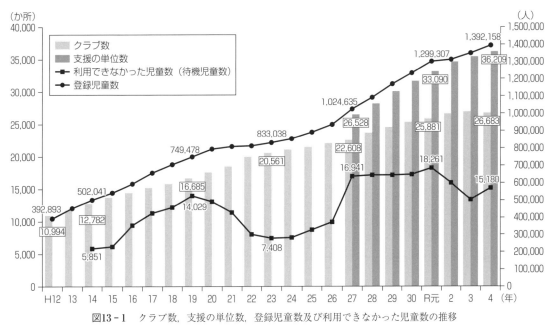

図13-1　クラブ数，支援の単位数，登録児童数及び利用できなかった児童数の推移

注：支援の単位数とは，児童の集団の規模を示す基準として2015（平成27）年度に取り入れられたものであり，その支援が同時に一又は複数の利用者に対して一体的に行われるものとされている。
　　職員は，放課後児童支援員を支援の単位ごとに2人以上配置（うち1人を除き補助員の代替可）。
出典：厚生労働省（2022）「令和4年（2022年）放課後児童健全育成事業（放課後児童クラブ）の実施状況」（令和4年5月1日現在）6頁。

録児童数は著しく増加しています。しかし，放課後児童クラブの設置数を増加しても待機児童数は1万5180人と，利用ニーズの増大に対応できていない状況です（図13-1）。保育所と同様に放課後児童クラブにおいても，待機児童解消に向けた保育の受け皿のさらなる拡大や保育人材の確保，支援員の待遇改善が求められます。

◆演習問題

(1)　子どもや保護者が地域の多様な他者と関わることで得られるメリットや難しさについて考えてみましょう。

(2)　自分の住む地域の自治体の地域子ども・子育て支援事業について調べてみましょう。

引用・参考文献

・大津泰子（2023）『子ども家庭福祉――子どもと家庭を支援する』ミネルヴァ書房，108〜109頁。
・内閣府・文部科学省・厚生労働省（2015）『子ども・子育て支援新制度ハンドブック　施設・事業者向け（平成27年7月改訂版）』17〜18頁。
〈ウェブサイト〉
・厚生労働省（2022）「令和4年（2022年）放課後児童健全育成事業（放課後児童クラブ）の実施状況」（令和4年（2022年）5月1日現在）（https://

www.mhlw.go.jp/content/11921000/001029590.pdf　2023年9月1日アクセス）。

・こども家庭庁（2023）「地域子育て支援拠点事業とは（概要）」2頁，表 地域子育て支援拠点事業の概要（https://www.cfa.go.jp/assets/contents/node/basic_page/field_ref_resources/321a8144-83b8-4467-b70e-89aa4a5e6735/889d2ba5/20230401_policies_kosodateshien_shien-kyoten_27.pdf　2023年11月13日アクセス）。

・こども家庭庁（2023）「地域子育て支援拠点事業の実施か所数の推移（事業類型別）」（https://www.cfa.go.jp/assets/contents/node/basic_page/field_ref_resources/321a8144-83b8-4467-b70e-89aa4a5e6735/e27864b0/20230401_policies_kosodateshien_shien-kyoten_31.pdf　2023年9月20日アクセス）。

第14章
要保護児童等及びその家庭に対する支援

【本章のポイント】
○要保護児童と要保護児童対策地域協議会について理解しましょう。
○児童虐待の現状と対応のあり方を理解しましょう。
○社会的養護における施設養護と家庭養護の特徴について理解しましょう。

1 要保護児童について

1. 要保護児童等とは

　児童福祉法において要保護児童等とは，要保護児童対策地域協議会における支援対象児童等である「要保護児童若しくは要支援児童及びその保護者又は**特定妊婦**」（第25条の2）のことを指します。

　要保護児童とは「保護者のない児童又は保護者に監護させることが不適当であると認められる児童」（児童福祉法第6条の3第8項）と規定され，保護者から適切な養育を受けることが困難であり保護を必要としている児童のことを指します。具体的には，保護者が行方不明，死亡，病気による入院や服役をしている児童，虐待を受けた児童，犯罪行為や不良行為のおそれがあり，保護者の必要な監護を受けられない児童などが含まれます。戦後間もない1947（昭和22）年に児童福祉法が制定された頃の要保護児童の大半は，戦争によって親を亡くした戦災孤児や引揚孤児，**棄児**でした。しかし，現代では保護者のいない児童は減少し，1990年代後半以降，虐待を理由に保護される児童が急増しています。

　要支援児童とは「乳児家庭全戸訪問事業の実施その他により把握した保護者の養育を支援することが特に必要と認められる児童（要保護児童を除く）」（児童福祉法第6条の3第5項）と規定されています。具体的には，子育てに対して強い不安や孤立感を抱える保護者の下で監護をされている児童や，養育に関する知識が不十分なため不適切な養育環境に置かれている児童などが含まれます。

▷1　特定妊婦
「出産後の養育について出産前において支援を行うことが特に必要と認められる妊婦」（児童福祉法第6条の3第5項）のこと。

▷2　棄児
様々な事情によって親から捨てられた子ども，遺棄された子どものこと。

2．要保護児童対策地域協議会

　虐待をはじめとする要保護児童を早期に発見，保護するためには，地域の関係機関と情報の共有を図り連携し，適切な対応を行うことが重要です。そこで，要保護児童等に関する地域支援の中核を担い，情報の共有や支援の内容について協議を行う場が，要保護児童対策地域協議会（以下，要対協）です。要対協は，2004（平成16）年の児童福祉法改正法により法定化され，ほとんど全ての市町村に設置されています。要対協は「子どもを守る地域ネットワーク」とも呼ばれ，関係機関が連携して子どもと保護者に対して必要な支援を行う体制が構築されました（図14-1）。

　要対協の調整機関や構成員は，要保護児童や要支援児童，特定妊婦への適切な支援を行うため，児童福祉施設，児童相談所，医療機関，教育委員会，警察などの関係機関であり，地域の実情にあわせて構成されて

▷3　厚生労働省子ども家庭局（2018）「市町村・都道府県における子ども家庭相談支援体制の整備に関する取組状況について（追加資料）」33頁より。

▷4　厚生労働省（2020）「要保護児童対策地域協議会設置・運営指針（令和2年改正）」8～10頁より。

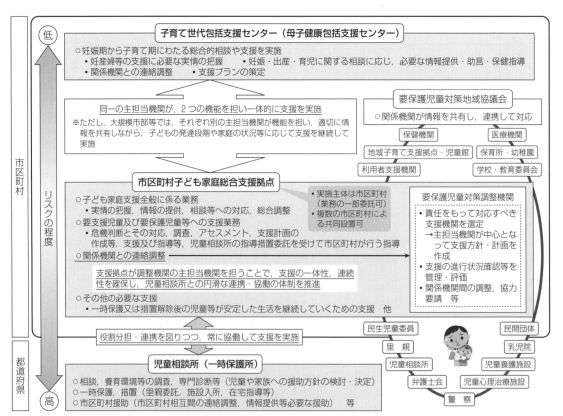

図14-1　市区町村における児童等に対する必要な支援を行う体制の関係整理（イメージ図）
出典：厚生労働省子ども家庭局（2018）「市町村・都道府県における子ども家庭相談支援体制の整備に関する取組状況について（追加資料）」33頁（https://www.mhlw.go.jp/content/11920000/000444962.pdf　2023年11月16日アクセス）。

表14-1　要保護児童対策地域協議会の構成員の例

児童福祉関係	・市町村の児童福祉，母子保健，障害福祉等の担当部局　・児童相談所 ・福祉事務所（家庭児童相談室）　・保育所　・児童養護施設等の児童福祉施設 ・児童家庭支援センター　・里親会　・児童館　・放課後児童クラブ ・利用者支援事業所　・地域子育て支援拠点　・障害児相談支援事業所 ・障害児通所支援事業所　・民生委員児童委員協議会 ・民生委員・児童委員（主任児童委員）　・社会福祉士　・社会福祉協議会
保健医療関係	・市町村保健センター　・子育て世代包括支援センター　・保健所　・地区医師会，地区産科医会，地区小児科医会，地区歯科医師会，地区看護協会，助産師会　・医師（産科医，小児科医等），歯科医師，保健師，助産師，看護師　・精神保健福祉士　・カウンセラー（臨床心理士等）
教育関係	・教育委員会　・幼稚園，小学校，中学校，高等学校，特別支援学校等の学校　・PTA協議会
警察・司法・人権擁護関係	・警察（警視庁及び道府県警察本部・警察署）　・弁護士会，弁護士　・家庭裁判所 ・法務局　・人権擁護委員
配偶者からの暴力関係	・配偶者暴力相談支援センター等配偶者からの暴力に対応している機関
その他	・NPO法人　・ボランティア　・民間団体

出典：厚生労働省（2020）「要保護児童対策地域協議会設置・運営指針（令和2年改正）」(https://www.pref.kochi.lg.jp/soshiki/060404/files/2021062800481/file_2021628116054_1.pdf　2023年11月16日アクセス)。

います（表14-1）。

　要対協は，「代表者会議」「実務者会議」「個別ケース検討会議」の3つの会議によって運営されています。

　代表者会議は，構成員の代表者による会議であり，実際の担当者で構成される実務者会議が円滑に運営されるための環境整備を目的として，年に1～2回程度開催されます。この会議では，①要保護児童等の支援に関するシステム全体の検討，②実務者会議からの地域協議会の活動状況の報告と評価などが行われます。

　実務者会議は，実際に活動する実務者から構成される会議で，1～2か月に1回程度開催されます。この会議では，①全てのケースについて定期的な状況のフォロー，主たる機関の確認，支援方針の見直し等，②機関同士の情報交換や，個別ケース検討会議で課題となった点の検討，③要保護児童の実態把握や，支援を行っているケースの総合的な把握，④要保護児童対策を推進するための啓発活動，⑤要対協のスケジュールの策定，代表者会議への報告などについて協議されます。

　個別ケース検討会議は，個別の要保護児童について，その児童に直接関わっている担当者や今後関わる可能性がある関係機関の担当者により，具体的な支援を進めていくための会議で，適時開催されます。この会議では，①関係機関が現に対応している虐待事例などのケースの危険度や緊急度の判断，②要保護児童の状況の把握や問題点の確認，③ケースに関する新たな情報の共有，④支援方針の確立と役割分担の決定及びその認識の共有，⑤ケースの主たる支援機関とキーパーソンの決定，⑥支援方法，支援スケジュールの検討などについて議論されます。

3．子ども虐待の現状とその対応

（1）児童相談所における虐待相談

総務省が2020（令和2）年12月に発表した「要保護児童の社会的養護に関する実態調査」によれば，要保護児童の半数以上は保護者からの虐待を受けた経験を持っています。少子化が加速し，子どもの数が減少していることを踏まえると，児童虐待の増加は現在の子育て家庭をめぐる重大な社会問題です。第11章でも述べられているように，全国の児童相談所が対応した児童虐待相談件数[6]は，2020（令和2）年度にはじめて20万件を超え，2022（令和4）年度（速報値）は21万9170件と過去最多を更新しています（図14-2）。

虐待の種別をみると[7]，最も多いのが「心理的虐待（59.1%）」，次に「身体的虐待（23.6%）」「ネグレクト（16.2%）」「性的虐待（1.1%）」と続きます。近年，心理的虐待が増加した背景には，子どもの目の前で配偶者に暴力をふるう面前DV（ドメスティックバイオレンス）が心理的虐待に含まれるため，警察が扱うDV目撃事案が児童相談所に相談，通告されるようになったことが要因となっています。

（2）児童虐待が発生する要因とその対応

児童虐待が発生するおそれのあるリスク要因[8]は，①保護者側のリスク要因，②子ども側のリスク要因，③養育環境のリスク要因，④その他虐待のリスクが高いと想定される場合の4つの側面から整理することができます（表14-2）。児童虐待は，ひとつの要因だけでなく，複数の要因が重なり合って起こることが考えられます。虐待は誰にでも起こり得るものであり，仕事や家庭内のストレス，貧困や社会からの孤立など様々

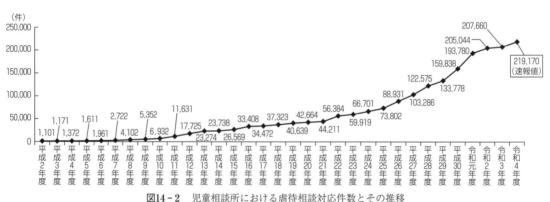

図14-2　児童相談所における虐待相談対応件数とその推移

注：平成22年度の件数は，東日本大震災の影響により，福島県を除いて集計した数値。
出典：こども家庭庁（2022）「令和4年度児童虐待相談対応件数（速報値）」（https://www.cfa.go.jp/assets/contents/node/basic_page/field_ref_resources/a176de99-390e-4065-a7fb-fe569ab2450c/12d7a89f/20230401_policies_jidougyakutai_19.pdf　2023年11月16日アクセス）。

▷5　総務省行政評価局（2020）前書き。

▷6　こども家庭庁（2022）「令和4年度児童虐待相談対応件数（速報値）」1頁。

▷7　注▷6に同じ，3頁。

▷8　厚生労働省（2013）「子ども虐待対応の手引き（平成25年8月改正版）」第2章発生予防，表2-1参照。

表14-2　虐待に至るおそれのある要因・虐待のリスクとして留意すべき点

1．保護者側のリスク要因
・妊娠そのものを受容することが困難（望まない妊娠）
・若年の妊娠
・子どもの愛着形成が十分に行われていない。（妊娠中に早産等何らかの問題が発生したことで胎児への受容に影響がある。子どもの長期入院など。）
・マタニティーブルーズや産後うつ病等精神的に不安定な状況
・性格が攻撃的・衝動的，あるいはパーソナリティの障害
・精神障害，知的障害，慢性疾患，アルコール依存，薬物依存等
・保護者の被虐待経験
・育児に対する不安（保護者が未熟等），育児の知識や技術の不足
・体罰容認などの暴力への親和性
・特異な育児感，脅迫的な育児，子どもの発達を無視した過度な要求　　　等
2．子ども側のリスク要因
・乳児期の子ども
・未熟児
・障害児
・多胎児
・保護者にとって何らかの育てにくさを持っている子ども　　　等
3．養育環境のリスク要因
・経済的に不安定な家庭
・親族や地域社会から孤立した家庭
・未婚を含むひとり親家庭
・内縁者や同居人がいる家庭
・子連れの再婚家庭
・転居を繰り返す家庭
・保護者の不安定な就労や転職の繰り返し
・夫婦間不和，配偶者からの暴力（DV）等不安定な状況にある家庭　　　等
4．その他虐待のリスクが高いと想定される場合
・妊娠の届出が遅い，母子健康手帳未交付，妊婦健康診査未受診，乳幼児健康診査未受診
・飛び込み出産，医師や助産師の立ち会いがない自宅等での分娩
・きょうだいへの虐待歴
・関係機関からの支援の拒否　　　等

出典：厚生労働省（2023）「子ども虐待対応の手引き（平成25年8月改正版）」(https://warp.da.ndl. go.jp/info:ndljp/pid/11113529/www.mhlw.go.jp/seisakunitsuite/bunya/kodomo/kodomo_kosodate/dv/dl/130823-01c_004.pdf　2023年11月16日アクセス)。

な背景・要因が複雑に絡み合い引き起こされます。虐待発生のリスク要因を知ることにより，虐待につながるリスクの軽減を図り，適切な対応や支援の手がかりを得ることができるでしょう。

　児童虐待の対応としては，①児童虐待の発生予防，②発生時の迅速・的確な対応，③被虐待児童への自立支援までの一連の対策を強化し，必要な支援施策を整備することが進められています[9]（表14-3）。

2　要保護児童と保護者への支援

1．社会的養護とは

　社会的養護とは，何らかの理由で家庭での養育が困難になった要保護児童を，国が責任をもって養育し，同時にその家庭への支援を行うことを意味します。また，図14-3のように今日の社会的養護は，市町村と

▷9　こども家庭庁(2023)「すべての子どもの安心と希望の実現プロジェクト資料1」3頁。

▷10　こども家庭庁支援局家庭福祉課(2023)「社会的養育の推進に向けて（令和5年4月5日）」188頁。

表14 - 3　児童虐待防止対策強化プロジェクト（全体像）

【児童虐待の発生予防】 ① 妊娠期から子育て期までの切れ目ない支援 ・子育て世代包括支援センターの全国展開　・母子保健事業との連携強化　・支援を要する妊婦の情報の確実な把握，施設を活用した妊婦への幅広い支援の在り方検討） ② 孤立しがちな子育て家庭へのアウトリーチ ・乳児家庭全戸訪問事業・養育支援訪問事業を全市町村で実施　・低所得の妊婦に助産を行う助産施設や児童相談所全国共通ダイヤル（189）の更なる周知　等
【発生時の迅速・的確な対応】 ① 児童相談所の体制整備 ・児童相談所体制強化プランの策定 ② 市町村の要保護児童対策地域協議会の機能強化 ・市町村による要対協の設置　・要対協調整機関への専門職配置　等 ③ 関係機関における早期発見と適切な初期対応 ・学校へのSSW配置，研修の充実　等 ④ 児童相談所等における迅速・的確な対応 ・関係機関等による調査協力　・臨検・捜査手続の簡素化　・司法関与の在り方の見直しの検討　等 ⑤ 適切な環境における児童への対応 ・里親等への一時保護委託推進　等
【被虐待児童への自立支援】 ① 親子関係再構築の支援 ・施設退所時の助言　等 ② 里親委託の推進 ・里親支援を都道府県業務として位置付け，民間委託推進　等 ③ 養子縁組の推進 ・児童相談所による養子縁組推進　・育児休業の対象拡大　等 ④ 施設入所等児童への自立支援 ・児童家庭支援センターの相談機能の強化　・自立援助ホームの支援対象者の拡大　・18歳に達した者に対する継続的な自立支援の在り方検討　等

出典：こども家庭庁（2023）「すべての子どもの安心と希望の実現プロジェクト資料1」（https://www.cfa.go.jp/assets/contents/node/basic_page/field_ref_resources/15fb7a07-e1c3-4937-8cf8-37fea4cd77b7/fdbe8899/20230401_policies_hitori-oya_anshin-kibou-project_01.pdf　2023年11月16日アクセス）。

連携を図り，要保護児童に限らず，要支援児童や地域の子ども家庭に対し，必要に応じて支援することが求められています。

　社会的養護は，要保護児童に提供される福祉サービスによって，「施設養護」と「家庭養護」に大きく分けられます。

（1）施設養護
　施設養護とは，乳児院や児童養護施設などの養護系の児童福祉施設において子どもを養育することを指します。ここでは，主な社会的養護の施設である乳児院，児童養護施設についてみていきます。
　①乳児院
　乳児院は，「乳児（保健上，安定した生活環境の確保その他の理由により特に必要のある場合には，幼児を含む。）を入院させて，これを養育し，あわせて退院した者について相談その他の援助を行うことを目的とする施設」（児童福祉法第37条）です。2023（令和5）年3月現在，全国に145か所あり，2351人の乳幼児が暮らしています。入院の対象は乳児ですが，特に必要がある場合は，小学校就学までの幼児も利用できる施

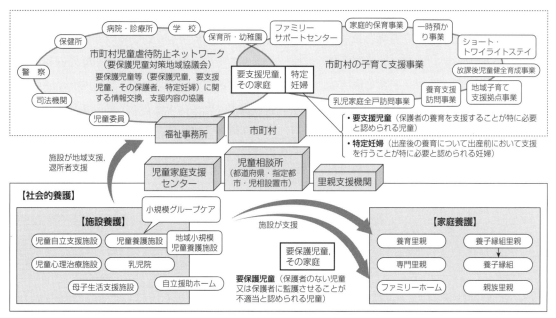

図14-3　子ども・子育て支援新制度と社会的養護

出典：こども家庭庁支援局家庭福祉課（2023）「社会的養育の推進に向けて（令和5年4月5日）」188頁（https://www.cfa.go.jp/assets/contents/node/basic_page/field_ref_resources/8aba23f3-abb8-4f95-8202-f0fd487fbe16/94839830/20231115_policies_shakaiteki-yougo_68.pdf　2023年11月20日アクセス）。

設です。

　乳児院の役割としては，①乳幼児の生命を守り，心身及び社会性の健全な発達を促進する養育機能，②被虐待児・病児・障害児等への対応ができる乳幼児の専門的養育機能，③早期家庭復帰を視野に入れた保護者支援とアフターケア（退所後の支援）機能，④乳児の一時保護機能，⑤子育て支援（育児相談，ショートステイ等）の5つの機能が挙げられます。保育士は乳幼児の年齢と発達段階にあわせて授乳（食事），睡眠，排泄，沐浴（入浴），遊び，運動，健康状態に配慮した支援を行います。職員は，養育の中心を担う保育士，児童指導員，看護師をはじめ，早期家庭復帰を支援する家庭支援専門相談員，里親への研修やアフターケアとしての相談対応を行う里親支援専門相談員，子どもと保護者へ心理支援を行う心理療法担当職員，栄養士などが配置されています。

　②児童養護施設

　児童養護施設は，「保護者のいない児童（乳児を除く。ただし，安定した生活環境の確保その他の理由により特に必要のある場合には，乳児を含む），虐待されている児童その他環境上養護を要する児童を入所させて，これを養護し，あわせて退所した者に対する相談その他の自立のための援助を行うことを目的とする施設」（児童福祉法第41条）です。2022（令和4）年3月現在，全国に610施設があり，2万3008人の子どもが暮

▷11　厚生労働省（2011）「社会的養護の課題と将来像（概要）」7頁。

143

▷12　こども家庭庁支援局家庭福祉課（2023）「社会的養育の推進に向けて（令和5年4月5日）」5頁。

らしています。^{◁12}入所の対象は1〜18歳未満の児童ですが，特に必要がある場合は，乳児や22歳までの入所の延長も可能な施設です。

児童養護施設では，子どもの安心，安全な生活環境を整えるとともに，日常生活支援，治療的支援，学習支援，自立支援，家庭環境の調整などを行います。職員は，養育の中心を担う保育士と児童指導員をはじめ，家庭支援専門相談員，里親支援専門相談員，心理療法担当職員，栄養士などが配置されています。

（2）家庭養護

家庭養護は，養育者の家庭において子どもを迎え入れて養育する里親とファミリーホーム（小規模住居型児童養育事業）のことを指します。ここでは，要保護児童を保護者に代わる家庭で養育する里親とファミリーホームについてみていきます。

①里親

里親制度は，温かい愛情と正しい理解を持った環境の下で要保護児童に養育を提供する制度です。2022（令和4）年3月現在，里親は，全国で1万5607世帯が登録されています。^{◁13}里親は，養育里親，専門里親，親族里親，養子縁組里親の4つの種類があります。

▷13　注▷12に同じ。

〈養育里親〉要保護児童を自宅で，短期間または長期間養育する里親のことをいいます。同時に預かることができる子どもの数は4人までとなっています。

〈専門里親〉虐待などで心身に有害な影響を受けた子ども，非行等の問題のある子ども，身体障害，知的障害，精神障害のある子どもなど，専門的な支援を必要とする子どもを養育する里親のことをいいます。

〈親族里親〉子どもの保護者が死亡，行方不明，病気による入院等の理由により，子どもを養育することが期待できない場合に，扶養義務がある親族（三親等以内の親族）が養育する里親のことをいいます。

〈養子縁組里親〉養子縁組によって預かる子どもを自分の養子にすることを希望する里親のことをいいます。

②ファミリーホーム（小規模住居型児童養育事業）

ファミリーホームは，2010（平成22）年に里親型のグループホームとして一部の自治体が独自に行っていた事業を**第二種社会福祉事業**^{◁14}のひとつとして制度化したものです。5人または6人の要保護児童を養育者の住居に迎え入れて，補助者を含めた3名以上の養育者で養育を行うものです。ファミリーホームは，2022（令和4）年3月現在，全国で446か所設置されています。

▷14　**第二種社会福祉事業**
社会福祉法に定められている事業。第一種社会福祉事業と第二種社会福祉事業に分類される。第二種社会福祉事業は運営主体の制限はなく，主に通所型事業や在宅サービス事業が多い。

２．家庭養育の推進

　2011（平成23）年７月に発表された「社会的養護の課題と将来像」では，施設の小規模化と施設機能の地域分散化による家庭的養護の推進，里親委託を推進する方向性が示されました。2016（平成28）年に改正された児童福祉法では，要保護児童がいた場合，家庭と同様の環境での養育を優先する原則（家庭養育優先の原則）を基本理念として，里親やファミリーホームへの委託が推進されました。その後，この理念を具体化するため，「社会的養護の課題と将来像」を見直し，2017（平成29）年「新しい社会的養育ビジョン」が取りまとめられました。そして，新しい社会的養育ビジョンの実現に向けた工程として，①市区町村の子ども家庭支援体制の構築，②児童相談所・一時保護改革，③里親への包括的支援体制（**フォスタリング機関**）の抜本的強化と里親制度改革，④永続的解決（**パーマネンシー保障**）としての特別養子縁組の推進，⑤乳幼児の家庭養育原則の徹底と，年限を明確にした取組目標などが示されました。

　「新しい社会的養育ビジョン」では，図14-3で示した要保護児童を含めた全ての子どもとその家庭を社会全体で支援する養育システムの構築を強く目指しているものといえます。

◆演習問題

⑴　要保護児童等への支援を行う関係機関について調べてみましょう。
⑵　児童虐待を早期発見するためには，どのようなことに気をつけておく必要があるか意見交換してみましょう。
⑶　「新しい社会的養育ビジョン」の内容について調べてみましょう。

▷15　注▷11に同じ。

▷16　**フォスタリング機関**
里親のリクルートや普及促進，研修，養育支援などの業務を担う機関のことである。

▷17　**パーマネンシー保障**
乳幼児期から安全で温かな家庭環境で，永続的に特定の家族のもとで育つ権利を子どもに保障することである。

引用・参考文献

〈ウェブサイト〉
・厚生労働省（2011）「社会的養護の課題と将来像（概要）」（https://www.mhlw.go.jp/bunya/kodomo/syakaiteki_yougo/dl/09.pdf　2023年12月19日アクセス）。
・厚生労働省（2013）「子ども虐待対応の手引き（平成25年８月改正版）」（https://warp.da.ndl.go.jp/info:ndljp/pid/11113529/www.mhlw.go.jp/seisakunitsuite/bunya/kodomo/kodomo_kosodate/dv/dl/130823-01c_004.pdf　2023年11月16日アクセス）。
・厚生労働省（2020）「要保護児童対策地域協議会設置・運営指針（令和２年改正）」（https://www.pref.kochi.lg.jp/soshiki/060404/files/2021062800481/file_2021628116054_1.pdf　2023年11月16日アクセス）。
・厚生労働省子ども家庭局（2018）「市町村・都道府県における子ども家庭相

談支援体制の整備に関する取組状況について（追加資料）」（https://www.mhlw.go.jp/content/11920000/000444962.pdf　2023年11月16日アクセス）。

・こども家庭庁（2022）「令和4年度児童虐待相談対応件数（速報値）」（https://www.cfa.go.jp/assets/contents/node/basic_page/field_ref_resources/a176de99-390e-4065-a7fb-fe569ab2450c/12d7a89f/20230401_policies_jidougyakutai_19.pdf　2023年11月16日アクセス）。

・こども家庭庁（2023）「すべての子どもの安心と希望の実現プロジェクト資料1」（https://www.cfa.go.jp/assets/contents/node/basic_page/field_ref_resources/15fb7a07-e1c3-4937-8cf8-37fea4cd77b7/fdbe8899/20230401_policies_hitori-oya_anshin-kibou-project_01.pdf　2023年11月16日アクセス）。

・こども家庭庁支援局家庭福祉課（2023）「社会的養育の推進に向けて（令和5年4月5日）（https://www.cfa.go.jp/assets/contents/node/basic_page/field_ref_resources/8aba23f3-abb8-4f95-8202-f0fd487fbe16/94839830/20231115_policies_shakaiteki-yougo_68.pdf　2023年11月20日アクセス）。

・総務省行政評価局（2020）「要保護児童の社会的養護に関する実態調査」総務省行政評価局（2020）「要保護児童の社会的養護に関する実態調査」（https://www.soumu.go.jp/menu_news/s-news/hyouka_021215000146022.html#kekkahoukoku　2023年12月25日アクセス）。

おわりに

　本テキストでは，保育者が行う家庭支援の目的と内容，子育て支援をめぐる社会的施策，保育士に求められる家庭支援の態度や技術，そして他機関との連携の実際などについて，豊富な事例をもとに読者に実践的な学びを提供することを目指しました。各事例は複数の事例を組み合わせた架空の事例もあれば，実際の保育現場の事例もありますが，本書の事例の登場人物はすべて仮名であり，プライバシーの保護に最大限配慮すると共に，匿名性を高めるため事実関係の修正を行っています。読者は事例を読み返し，「自分が保育者の立場なら子どもや保護者，あるいは関係機関とどのように関わるか」を繰り返し考えてみていただきたいと思います。

　また，本書は保育者養成校の学生を主要な読者と想定して執筆されていますが，現職の保育者の先生方の学び直しや，園内研修において本書を活用することも有効であると編者は考えています。例えば園内研修で本書の各事例への対応を職員間で一緒に考え，解決策を導き出すことで，現在，園が難しさを感じている家庭への支援へのヒントが得られることと思います。以上の理由から現職の保育者の先生方にも，ぜひ本書を手にとっていただきたいと編者は考えています。

　2023年6月13日，岸田内閣総理大臣は，閣議決定された子ども未来戦略方針について演説し，[1]少子化に歯止めをかけるには2030年代が最後のチャンスであるとし，「次元の異なる少子化対策」を提言しました。岸田総理大臣は，「経済成長の実現と少子化対策の強化，この両輪を通じて，若者・子育て世代の所得を伸ばすことに全力を傾注していきます」と述べており，具体的な施策として児童手当の拡充や，高等教育無償化の対象世帯の拡大，出産費用の保険適用化，男性の育児休業取得率の向上，保育士の配置基準の見直し等の提言を行っています。また，保育所を時間単位で利用できる「子ども誰でも通園制度」を全国に拡充する方針についても提言しています。これらの施策の実現に必要な財源の安定的な確保については，今後議論が尽くされていくこととなりますが，これら「次元の異なる少子化対策」がスピード感をもって実現されていくと，子育て世帯・若者世帯にとってより子育てがしやすい社会に近づいていくことが期待されます。

　いっぽう，これらいわばハード面の子育て支援と同等に必要なものが，子育て世帯への社会の意識の変化です。岸田総理大臣も「日本の社会は子育てに必ずしも温かくないといわれます」と述べているように，現在の日本社会は子育て世帯に対してサポーティブな社会とはいえ[2]ません。たとえば，「満員電車にベビーカーで乗り込んだら，乗客から舌打ちされた」とか，「バスで赤ちゃんがぐずって泣いたら他の乗客から怒鳴られた」などの訴えが，多くのお母さんから聞かれます。他にも「公園で日中子どもが遊んでいたら，近所の人から子どもの声がうるさいと苦情を受けた」などの訴えもよく耳にします。みなさんがこうした立場になったとし

たら，どんな気持ちになるでしょうか？　たとえば電車やバスといった公共交通機関に乳幼児と乗ることは，ただでさえ安全確保や感染症リスクの増大などで気を遣うことでしょうが，前述のような経験をすると周りの大人がすべて敵に見えてしまったり，孤立感を感じてしまったりする人も多いのではないでしょうか。孤立感を強めた保護者の方が，結果的には心理的に追い詰められて虐待を行ってしまうことも現在は多くみられています。子どもは未来を担う社会の宝であり，社会全体で子育て家庭を見守り・支えるという意識改革が現在の日本社会には必要なのではないでしょうか。みなさんが保育者として働き出した際は，社会の子育てに関する意識を自分たちがよりよいものに変えていくのだという気概をもって，保育を行うと共に家庭支援を行っていっていただきたいと思います。

　編者は保育者養成校の教員として，学生を日々教育する中で繰り返し伝えていることがあります。それは，第一に乳幼児期は人生の中で最も重要な時期であり，乳幼児期に子どもが経験するあらゆる出来事が，その子どもの一生を方向づけるようなかけがえのない経験になるということです。保育者は子どもが保護者の次に出会うことが多い，「自分を守り，支えてくれる」環境です。したがって，保育者は子どもにとって安心・安全を保障する環境を提供し，子どもの健やかな発達を日々の保育を通して育む役割を担うことが求められます。

　しかし残念ながら，近年保育者による不適切保育の報道が後を絶ちません。生命に関わるような深刻な事案から，乳幼児へのマルトリートメントを保育者が行っていたことが，保護者からの訴えにより発覚することもあります。十分にことばで自らの意志を伝えることが難しい乳幼児に対して不適切保育を行っていた保育者は，自らの行為が発覚することを予想していなかったのかもしれませんし，自らの行為が不適切保育であることの認識すらなかったのかもしれません。園を信頼して子どもを預けていた保護者にとっては，園が子どもに不適切保育を行っていたことを知れば，たとえ自分の子どもが被害者でなくとも当然怒りや不信感が生じますし，保育者を信頼することが以後できなくなるといった深刻な傷つき体験となることでしょう。保育現場における保育者の不適切保育に関しては，一部の保育者の倫理観の欠如により行われたというよりも，組織全体の課題が不適切保育として顕在化したという側面があると考えられます。たとえば，不適切保育が園で発覚し，ニュース等で報道された後の議論で「人手不足のため保育者に余裕がなかった」という訴えがよく耳にされます。保育士の配置基準の見直しを含め，保育者の業務負担を軽減することも，不適切保育の改善のためには必要と思われます。しかし制度面の改善だけで果たして不適切保育を無くすことはできるのでしょうか。編者は保育現場全体が，いま一度子ども中心の保育，子どもの人権を尊重した保育のあり方について議論を交わし，保育現場の意識改革を行う必要があるのではないかと考えています。具体的には，子どもの保育において体罰，叱責，無視等を保育者が行うこと自体が子どもの発達を阻害する深刻な人権侵害行為であり，児童虐待と構造的に変わらない行為であることを，管理職をはじめ組織のすべての職員に周知徹底するとともに，子どもを叱るのではなく認め，ほめ，見守る保育を実践し，子どもの成長する力を信じるという保育方針へと転換することが，不適切保育の防止に必要な要因となるのではないでしょうか。みなさんも，自分が保育者になった

時，不適切保育を行わないためにどのようなことができるか，また不適切保育を園全体で行わないために必要なことは何かを考えていってほしいと思います。

2022年2月から始まったロシアによるウクライナ侵攻は2023年11月時点で停戦の見通しが立っていません。ウクライナ国籍の方が日本に避難し生活せざるをえない状況も続いています。また，2023年10月には，パレスチナを実効支配しているハマスのイスラエル攻撃を契機に，ガザ地区へのイスラエルの侵攻が始まり，こちらも2023年11月時点で停戦の見通しは立っておらず，多くの方々が亡くなっていると連日報道されています。他にも紛争や内戦は世界各地で今も続いており，世界平和の実現には取り組むべき課題が山積しています。みなさんも，遠い国の出来事として上記に挙げた戦争や紛争を傍観者的に捉えるのではなく，自分が世界平和の実現にほんの少しでも貢献できるとしたら何ができるかを考えてみてください。たとえばそれは，紛争から逃れ避難してきた家族の子どもが園に入所してきたらどのように子どもとその保護者を支援するかという具体的なことかもしれません。日々の世界の情勢をニュース等で確認し，思いを巡らせていってください。

上記のような世界情勢の影響と関連し，新型コロナウイルス感染症（COVID-19）の感染拡大によるパンデミック，経済の停滞等，日本社会をとりまく状況は変化し，経済的困難を抱える家庭も増加傾向にあります。したがって，今後ますます支援を必要とする家庭に保育者が出会うことは多くなってくると考えられます。こども家庭庁が掲げている「こどもがまんなかの社会」の実現のため，保育者の行う家庭支援の役割は今後も重視されていくことと思います。その際保育者だけで抱え込むのではなく，様々な関係機関と連携して子育て家庭を支えるネットワークを形成していくことが必要です。編者は保育者養成校の教員として，現場の保育者のみなさんと共に子どもの支援，家庭への支援を実践する取り組みを行っています。全国の保育者養成校の短大・大学の教員と一緒に，家庭支援に取り組む園が広がっていくことを願っています。

小児神経科医の友田明美（2019）[3]は，NHKのドキュメンタリー番組に出演しています。友田は，第11章で述べているように虐待と脳の関連を関連する研究の第一人者であると共に，診療を通して虐待等の苦しみを抱えた子ども，保護者を支援しています。番組では，友田の「親が変われば，子どもはかならず変わる」という信念が紹介されていました。編者も友田のこの信念に同意する一人です。親が変わるためには，支えてくれる誰かが必要です。そして，保育者が親を支える重要な人物であることも多いと思われます。保育現場で保護者を支援した結果，「あの先生がいたから子どもに向き合えた」「あの先生と出会えてよかった」と思ってもらえるような保育者に一人でも多くの方がなっていただき，幸せな家庭が増えていくことを切に願っています。また本書が保育者の行う家庭支援のヒントや手がかりになればと願います。

2023年11月　編著者　橋本　翼

▷1　岸田内閣総理大臣記者会見（令和5年6月13日）https://www.kantei.go.jp/jp/101_kishida/
　　statement/2023/0613kaiken.html　2023年11月19日アクセス）。
▷2　同前。
▷3　友田明美 (2019)「プロフェッショナル 仕事の流儀　小児精神科医　友田明美──傷ついた親子
　　に，幸せを」NHK エンタープライズ。

索　引

（＊は人名）

《執筆者紹介》（執筆順，執筆分担，＊は編著者）

＊渡邊　暁　^{わたなべ　さとし}　はじめに，第1章，第13章，第14章
　　編著者紹介参照。

＊橋本　翼　^{はしもと　つばさ}　第2章，第5章，第11章，第12章，おわりに
　　編著者紹介参照。

原口　喜充　^{はらぐち　ひさみ}　第3章，第4章第**1**・**2**節
　　現　在　近畿大学九州短期大学保育科講師
　　主　著　『実践に活かす保育の心理学』（編著）ミネルヴァ書房，2023年。
　　　　　　『心理職の仕事と私生活』（共著）福村出版，2023年。
　　　　　　「日々の保育における担任保育者の保育体験──保育者の主観的体験に注目して」『保育学研究』
　　　　　　第54巻第1号，2016年。（平成29年日本保育学会研究奨励賞受賞）

堀田　亮　^{ほった　りょう}　第4章第**3**節
　　現　在　近畿大学九州短期大学保育科准教授
　　主　著　『実践に活かす保育の心理学』（共著）ミネルヴァ書房，2023年。
　　　　　　『子どもと社会の未来を拓く─保育内容─健康』（共著）青鞜社，2022年。
　　　　　　"Healthy Behaviors and Incidence of Disability in Community-Dwelling Elderly"（共著）*American Journal of Health Behavior*,42(1)：51-58，2018.

神門　英子　^{こうど　えいこ}　第6章，第7章
　　現　在　近畿大学九州短期大学保育科講師
　　論　文　「解離症状を呈した知的能力障害の女子高校生との面接過程」『福岡県立大学　心理臨床研究』第
　　　　　　13号，2022年。
　　　　　　「現代青年の青年期危機に関する研究」『九州大学　心理臨床研究』第25号，2006年。

木村　幸道　^{きむら　こうどう}　第8章，第9章
　　現　在　幼保連携型認定こども園 潤野こども園 園長

垂見　直樹　^{たるみ　なおき}　第10章
　　現　在　近畿大学九州短期大学保育科教授
　　主　著　『幼児教育・保育のための教育方法論』（共編著）ミネルヴァ書房，2021年。
　　　　　　『豊かな育ちのための保育内容総論』（編著）ミネルヴァ書房，2020年。
　　　　　　『保育のための教育原理』（共著）ミネルヴァ書房，2019年。

《編著者紹介》

渡邊　暁（わたなべ　さとし）
　現　在　近畿大学九州短期大学保育科准教授
　主著・論文
　　　　『コメディカルのための社会福祉概論　第5版』（共著）講談社，2023年。
　　　　『福祉ライブラリ　相談援助』（共著）建帛社，2018年。
　　　　「児童養護施設の高度化と多機能化に関する一考察」『近畿大学九州短期大
　　　　学　研究紀要』第47号，2017年。

橋本　翼（はしもと　つばさ）
　現　在　近畿大学九州短期大学保育科准教授，臨床心理士
　主　著　『実践に活かす保育の心理学』（共著）ミネルヴァ書房，2023年。
　　　　『幼児と人間関係──保育者をめざす』（共著）同文書院，2021年。
　　　　『豊かな育ちのための保育内容総論』（共著）ミネルヴァ書房，2020年。

実践で役立つ子ども家庭支援論

2024年2月20日　初版第1刷発行　　　　　　　〈検印省略〉

定価はカバーに
表示しています

編著者　　渡邊　　　暁
　　　　　橋本　　　翼
発行者　　杉田　啓三
印刷者　　中村　勝弘

発行所　株式会社　ミネルヴァ書房
　　　　607-8494　京都市山科区日ノ岡堤谷町1
　　　　電話代表　（075）581-5191
　　　　振替口座　01020-0-8076

ⓒ渡邊暁・橋本翼ほか，2024　　　　中村印刷・新生製本

ISBN978-4-623-09706-7
Printed in Japan

保育のための教育原理

垂見直樹/金 俊華/大間敏行/三木一司 著

B 5 判・172頁・本体2200円

豊かな育ちのための保育内容総論

垂見直樹 編著

B 5 判・216頁・本体2400円

幼児教育・保育のための教育方法論

垂見直樹/池田竜介 編著

B 5 判・176頁・本体2000円

実践に活かす保育の心理学

原口喜充 編著

B 5 判・224頁・本体2500円

保育・幼児教育・子ども家庭福祉辞典

中坪史典/山下文一/松井剛太/伊藤嘉余子/立花直樹 編集委員

四六判・640頁・本体2500円

小学校教育用語辞典

細尾萌子/柏木智子 編集代表

四六判・408頁・本体2400円

ミネルヴァ書房

https://www.minervashobo.co.jp/